Sophie Noucher

LE PLASTIQUE C'EST PAS AUTOMATIQUE

Pourquoi et comment j'ai déplastifié ma vie
(sans trop d'efforts)

F1RST
ÉDITIONS

SOMMAIRE

INTRODUCTION : POURQUOI J'AI DÉCIDÉ DE DIRE NON AU PLASTIQUE

Un mercredi matin, pas encore très réveillée devant mon mug de thé chaud, j'entends approcher le moteur ronronnant de la benne à ordures. J'émerge brutalement : **j'ai oublié de sortir la poubelle !** Or, il ne s'agit pas de n'importe quelle poubelle : on parle du bac bleu. Celui pour lequel les éboueurs passent seulement tous les 15 jours. Celui qui est toujours plein à ras bord. Celui des déchets dits « recyclables » : cartons, journaux et plastiques... Celui qu'il ne FAUT PAS oublier, sous peine d'être très, très embêté pendant les 2 semaines suivantes... **En pyjama, sans cesser de pester contre moi-même, je cours traîner ce maudit bac sur le trottoir. Trop tard.**

J'ai donc trimballé le plus discrètement possible ma poubelle dans la rue d'à côté, jusque devant le portail d'une maison qui en avait deux. Les éboueurs n'y ont vu que du feu. Soulagée, je me suis tout de même sentie un petit peu ridicule. J'ai pris conscience ce jour-là que les ordures produites par notre famille de 5 personnes prenaient peut-être trop de place, si elles constituaient un vrai problème pour un seul oubli.

N'y aurait-il pas trop d'emballages dans notre vie ?

Lorsque je suis revenue des courses, le lendemain j'ai repensé à ce monceau de déchets, paquets de biscuits, bidons, sachets, blisters, packs, bouteilles et boîtes diverses... Autant d'emballages qui correspondaient à LA virée hebdomadaire au supermarché avec mes 4 gros cabas. Et là, en me frottant les reins, j'ai eu la même prise de conscience que la veille : j'étais dans l'excès. Je croulais sous les emballages, je perdais le sens commun...

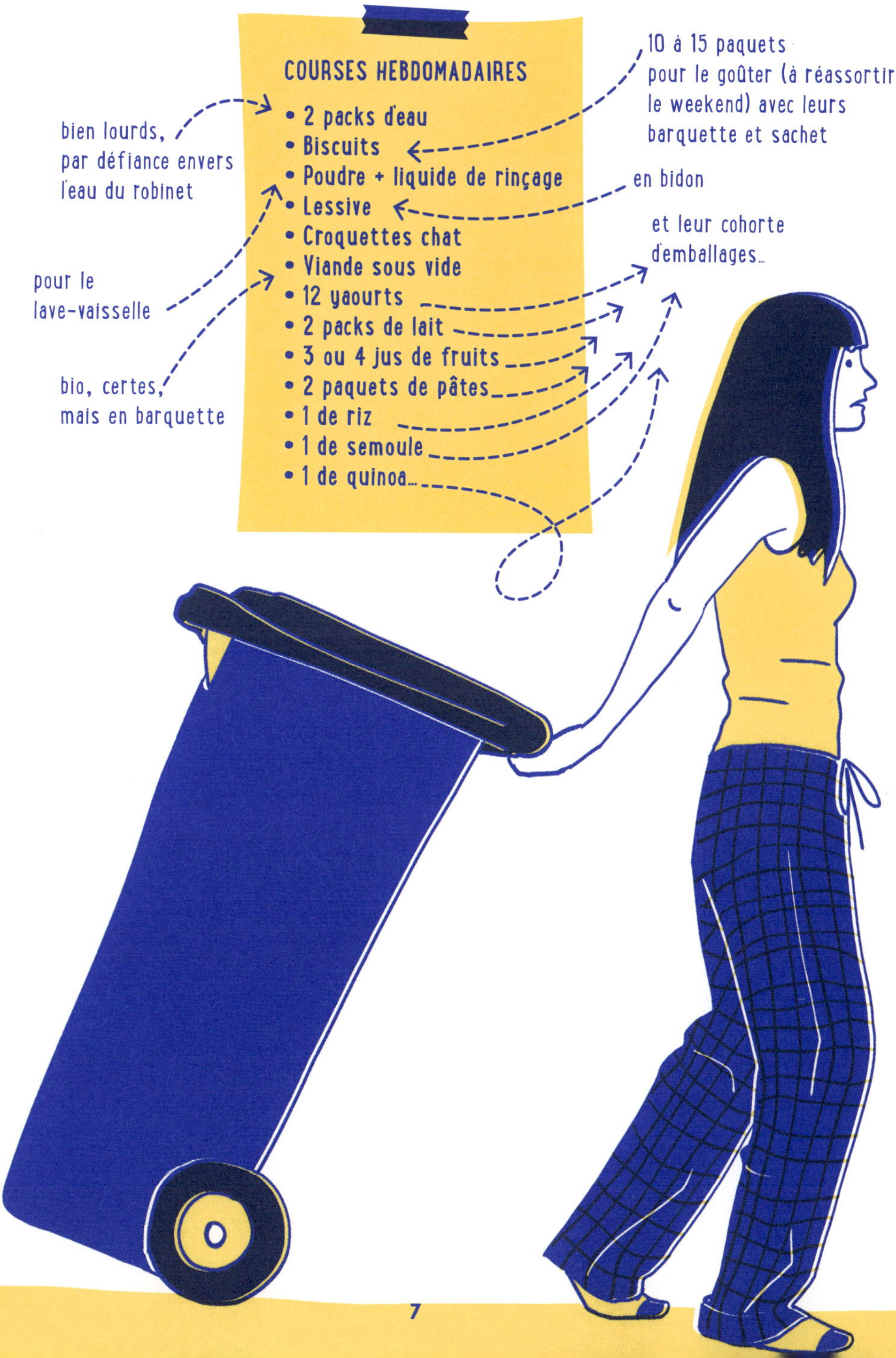
COURSES HEBDOMADAIRES
• 2 packs d'eau
• Biscuits
• Poudre + liquide de rinçage
• Lessive
• Croquettes chat
• Viande sous vide
• 12 yaourts
• 2 packs de lait
• 3 ou 4 jus de fruits
• 2 paquets de pâtes
• 1 de riz
• 1 de semoule
• 1 de quinoa...
bien lourds, par défiance envers l'eau du robinet
pour le lave-vaisselle
bio, certes, mais en barquette
10 à 15 paquets pour le goûter (à réassortir le weekend) avec leurs barquette et sachet
en bidon
et leur cohorte d'emballages...

C'était lourd, au sens propre comme au figuré. Mes placards étaient surchargés de sachets, presque tous en plastique. Pourtant, je ne suis pas spécialement désireuse d'entasser, comme certaines personnes terrorisées à l'idée de manquer. Je suis juste une mère de famille avec 3 garçons voraces âgés de 4 à 15 ans... Et j'habite une petite ville en grande banlieue, où faire les courses au quotidien en bas de la rue est impossible. Je suis dépendante, pour une partie des achats au moins, des supermarchés et de ma voiture. D'où, sans doute, cette quantité déraisonnable de boîtes. Avoir de quoi nourrir 5 personnes pendant une semaine me condamnerait donc à blinder mes placards d'emballages ?

Quelques jours plus tard, une info m'est tombée sous les yeux : **on trouverait désormais du plastique dans le sang de tous les êtres humains,** quel que soit leur pays, et même chez les bébés ! Ce plastique qui nous entoure, et dont on sait déjà qu'il pollue la planète, nous empoisonnerait lentement, insidieusement. Pas seulement le bisphénol A désormais interdit. Non, d'autres substances liées au plastique, qui, d'une manière ou d'une autre, seraient inhalées, ingérées ou passeraient par les pores de la peau. J'ai regardé d'un œil nouveau ma poubelle bleue un peu sale et ses emballages. Des emballages de produits que nous avions mangés, avec lesquels nous nous étions lavés ou avions lavé nos vêtements. L'inconséquence d'acheter n'importe comment débordait de ce bac malodorant.

J'ai alors décidé de reprendre le contrôle, d'abord en me renseignant mieux, puis en changeant 2 ou 3 petites choses dans nos vies. J'ai conservé un rythme 50 / 50 autour des enfants d'abord (déjeuners, devoirs et activités au quotidien) et des piges ensuite (je travaille pour des magazines grand public dans des secteurs allant de l'économie à la presse jeunesse). Mais j'ai modifié certains fonctionnements : j'ai pris de petits temps pour faire des courses plus souvent – au lieu du gros plein une fois par semaine. J'ai changé la liste de courses et l'intérieur des placards (contenus et contenants). Et, avec mon mari, nous avons redécouvert le plaisir de cuisiner.

Trois mois plus tard, le fameux bac bleu n'est rempli qu'aux 2/3 quand les éboueurs passent. OK, c'est pas l'extase, mais c'est un début encourageant. J'ai cherché des infos, lu, écouté, regardé et appris plein de choses sur l'histoire de cet incroyable matériau qu'est le plastique. Et sur l'incapacité des hommes à maîtriser les conséquences de leurs inventions.

J'ai également récupéré mon libre arbitre en matière de consommation, et ça, ce n'est pas rien. Mes 3 garçons ont aussi entamé une réflexion sur la façon d'acheter. Dans cette petite révolution, j'ai été bien aidée par des proches déjà engagés dans la même volonté de vivre plus sainement et de réduire leurs déchets plastiques. Et aussi par les guides et blogs qui ouvrent de nombreuses pistes pour remplacer produits et emballages dont on connaît la nocivité (ou dont on la suspecte).

Tout ce que j'ai appris et changé dans mon quotidien, je vous le livre ici. J'ai cherché à identifier les risques liés à l'omniprésence du plastique et à trouver à chaque fois des solutions simples pour les supprimer. Il suffit parfois d'acheter un autre produit, parfois de ne pas remplacer ce qui pose un problème. De ne plus l'acheter, c'est tout. Et puis, il y a de petites recettes à apprendre. Toutes faciles, parce que je n'ai ni le temps ni les capacités de jouer au petit chimiste. J'ai testé celles de mes copines et des guides « zéro déchet », dont le nombre croissant en librairie atteste d'une prise de conscience massive. Je ne connaissais rien aux utilisations du bicarbonate de soude ou à l'huile de coco, mais, depuis, j'ai eu recours à des solutions demandant peu de temps et séduisantes pour toute la famille. Non aux tentatives certes écolos mais hasardeuses, comme la lessive à base de lierre à cueillir dans son jardin, oui au shampoing solide sans emballage vendu en vrac !

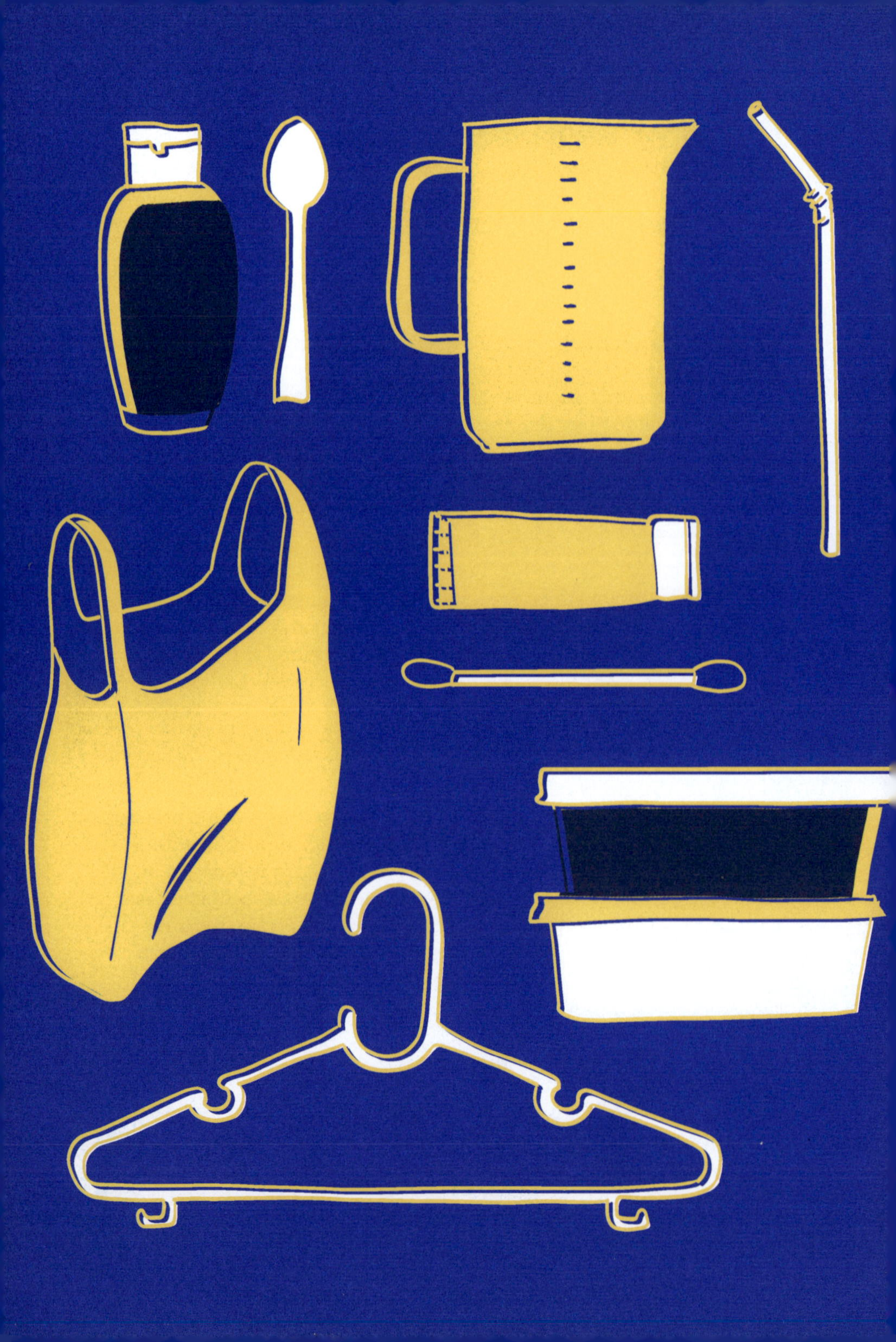

DU PLASTIQUE, EN VEUX-TU, EN VOILÀ !

PARTIE 1

LA MATIÈRE REINE DU XXe SIÈCLE

CHAPITRE 1

Roland Barthes la qualifie de « *matière miraculeuse* » dans ses *Mythologies* (1957). Mais parler du plastique au singulier est un abus de langage, tant il est polymorphe.

UN MONDE PLASTIFIÉ

**Au quotidien, les plastiques sont présents partout, sous différentes formes. Par exemple, lorsque vous enfilez un vêtement, vous demandez-vous s'il est synthétique ? Et savez-vous alors si vous portez du polyester ou du polyamide ?
Ce dernier est plus connu, on l'appelle généralement nylon. Comme lui, certains noms de matières sont familiers, à tel point qu'ils remplacent le nom des objets, comme le vinyle pour les disques, le polystyrène pour les emballages, ou le teflon pour les poêles.
En tout cas, tous ces objets ont un dénominateur commun : le pétrole.**

LE PÉTROLE DEVENU PLASTIQUE NE SE DÉCOMPOSE PAS

Dans la nature, les plastiques se dégradent très, très lentement.

Que deviennent-ils ? Même si la pollution est telle que des scientifiques consacrent désormais leur temps à étudier les relations entre plastique et êtres vivants, on ne sait pas au juste. On sait cependant que certains animaux même minuscules en colonisent ou en avalent des micromorceaux, tout comme les poissons ou les oiseaux en ingurgitent de plus gros.

Les plastiques vont mettre des siècles à « disparaître » de notre regard, c'est-à-dire à devenir de petits morceaux, puis des microéléments et enfin des nanoparticules, enfouis sous terre ou dans l'océan.

Pourquoi ? Revenons sur la fabrication des plastiques pour mieux comprendre...

LA FABRICATION DES PLASTIQUES

1 PÉTROLE

En raffinerie, on chauffe les hydrocarbures (hydrogène et carbone) et on obtient, entre 30 °C et 180 °C, un liquide, **le naphta**.

4 PLASTIQUE

Les plastiques sont donc des cocktails : ce sont des mélanges d'hydrocarbures et de produits chimiques très résistants, qui mettront des siècles à se décomposer, c'est-à-dire à devenir de toutes petites particules.

On distingue généralement 2 grandes familles :
➡ **les thermoplastiques,** de loin les plus utilisés, qui ramollissent à la chaleur et se déforment facilement (comme les bouteilles et blisters) ;
➡ **les thermodurcissables,** très résistants (utilisés pour fabriquer des casques, par exemple), qui ne peuvent plus être transformés.

2

NAPHTA

En usine pétrochimique, on pratique le vapocraquage. Les molécules sont cassées pour obtenir des monomères (ex : l'éthylène), puis assemblées en chaînes de polymères (ex : le polyéthylène) – on sait aussi obtenir des **polymères** à partir d'éléments naturels et dégradables dans la nature, comme l'amidon ou la cellulose.

3

POLYMÈRES + ADDITIFS

- Plastifiants-assouplissants (ex : phtalates)
- Solvants (ex : alcool, éther)
- Durcisseurs
- Stabilisants, antioxydants
- Ignifugeants, retardateurs de flamme (ex : hydroxyde d'aluminium)
- Lubrifiants, fongicides
- Pigments, colorants

Rien qu'en lisant leur nom, vous vous doutez bien que ces **additifs** peuvent être toxiques. Ce sont eux qui, ajoutés aux polymères, donnent leurs caractéristiques aux différents types de plastique. Ex : éthylène + chlore = PVC, mais éthylène + benzène = polystyrène. Sous l'action de la chaleur, en contact avec des corps gras, ou simplement parce qu'ils ne sont pas parfaitement « fixés », certains composants peuvent « migrer » vers les aliments ou les cosmétiques qu'ils contiennent, ou encore se disperser dans l'atmosphère, s'il s'agit d'un rideau de douche ou d'un jouet gonflable en PVC... Ils sont alors inhalés, ingérés ou pénètrent l'organisme par la peau.

UNE BRÈVE HISTOIRE DU PLASTIQUE

Le plastique a toutes les qualités

Contrairement à la terre cuite ou à la porcelaine, le plastique résiste aux chocs. Contrairement au bois, il est malléable, et contrairement au métal, il peut être élastique. La matière, légère, modelable et peu onéreuse à produire, s'est imposée par sa capacité à prendre la forme de tous les objets usuels. D'ailleurs, étymologiquement, plastique, qui vient du grec *plassein*, signifie « déformable ».

Il a permis le développement de nombreuses activités

Avec toutes ces qualités, il s'est imposé. De nombreuses activités humaines lui doivent leur naissance et/ou leur développement. Les premiers plastiques à base, non pas d'hydrocarbures, mais de cellulose, ont permis la production des pellicules en Celluloïd et le développement de la photographie, puis du cinéma. Plus tard, la Bakélite, premier plastique totalement synthétique, isolant et résistant à la chaleur, a rendu les appareils électriques beaucoup plus sûrs.

C'EST L'ONU QUI LE DIT :

« L'ampleur du défi est décourageante. Depuis les années 1950, la production de plastique a dépassé celle de presque tous les autres matériaux. »

« IL N'Y A PAS UN, MAIS DES PLASTIQUES. »

C'est la réponse docte, index levé, que j'ai donnée à mon fils de 4 ans à sa question très simple : « Qu'est-ce que c'est le plastique, maman ? » « C'est ton canard pour jouer dans le bain », a dit son plus jeune frère. « C'est mon téléphone portable », a ajouté le plus grand. « Et puis le pot du yaourt que tu viens de dévorer », ai-je conclu. Là, je l'avais définitivement perdu !

LA MATIÈRE-REINE DES ANNÉES 1960 ET 1970

Ces vertus techniques s'accompagnent de mutations sociologiques dès les années 1960 et 1970. Le plastique a en effet permis la diffusion au sein de la classe moyenne d'objets auparavant fragiles ou onéreux. Ce qui a entraîné deux modifications de taille dans les comportements. D'abord, on répare de moins en moins : le plastique si bon marché permet de racheter. Ensuite, on ne garde plus, mais on jette pour acheter à nouveau (« pour changer »), salivant d'envie devant la multitude d'objets colorés sans cesse renouvelés que font miroiter les publicités. **Acheter n'est plus une nécessité, c'est devenu un passe-temps.**

Les chiffres

L'industrie de la plasturgie en France représente 120 000 salariés ; près de la moitié d'entre eux travaillent dans les emballages, 20 % dans la construction, 10 % dans l'automobile, pour un chiffre d'affaires dépassant 30 milliards.

Source : fédération française de plasturgie.

Depuis les années 1950, presque 9 milliards de tonnes ont été produites, générant environ 6 300 millions de tonnes de déchets, dont l'immense majorité s'est retrouvée en décharge ou dans la nature.

Source : Science advances 2017.

Les grandes dates

➧ **1870 :** mise au point du Celluloïd à partir d'une matière organique, la cellulose.

➧ **1907 :** invention du premier plastique 100 % synthétique, la Bakélite.

➧ **1935 :** mise au point des fils en Nylon (soie synthétique).

➧ **1941 :** fabrication du PET (polyéthylène téréphtalate) qui sera utilisé pour les bouteilles.

➧ **1950's :** la production mondiale dépasse le million de tonnes.

➧ **1957 :** Monsanto construit la « maison du futur », aux contours constitués de plastique. Pendant 10 ans, elle incarnera l'avenir et sera exposée à Disneyland.

➧ **1960's :** 10 % de la production de plastique aux États-Unis est consacrée aux emballages.

➧ **1970's :** Cette proportion dévolue aux emballages est montée à 25 %. Première tentative d'interdiction des emballages à usage unique pour l'alimentation et les boissons aux États-Unis (Wisconsin).

➧ **1990's :** une réunion Tupperware se tient toutes les 2,5 secondes quelque part dans le monde.

Source : *Plastic Planet*

UNE ADDICTION QUOTIDIENNE

Aujourd'hui, vivre sans plastique est presque impossible, à moins de devenir ascète. J'ai compté, de la brosse à dents au PC en passant par le volant de ma voiture, le nombre d'objets en plastique que j'utilisais chaque jour. Résultat : 50 au bas mot, sans compter les objets qui peuvent en contenir sans qu'on le sache.

380 MILLIONS DE TONNES
ONT ÉTÉ PRODUITES EN 2015
Source : Science advances

Je peux m'arranger avec...	C'est plus compliqué pour...
Ma brosse à dents Le gobelet qui va avec Les gels douche et shampoing Le siège des toilettes Les poignées des portes La télévision Les vêtements synthétiques Certains jouets Les sacs de courses Les contenants alimentaires Les ustensiles de cuisine La papeterie (les règles, équerres, rapporteurs, compas)	Le tableau de bord de la voiture Le siège auto des enfants Les ordinateurs des parents et ados Les téléphones, fixes et portables La chaîne hi-fi L'enceinte portable Les fenêtres double-vitrage en PVC Les stores intérieurs et les pare-soleil extérieurs Les poubelles fournies par la mairie Le parasol Le tuyau d'arrosage Les stylos

Je peux m'arranger avec...	C'est plus compliqué pour...
Les lunettes La boîte aux lettres Les portails Les volets Les isolants du toit...	Le pommeau et le flexible de douche Le tapis de bain antidérapant Le rideau de douche Les lentilles jetables La chasse d'eau Le fer à repasser Le lave-linge, le lave-vaisselle, la gazinière, le frigo... Les interrupteurs des lampes La batterie de mon fils Sa tablette lumineuse à dessin Les vélos Les ballons Les raquettes de tennis Les palmes et les lunettes de natation Les baskets...

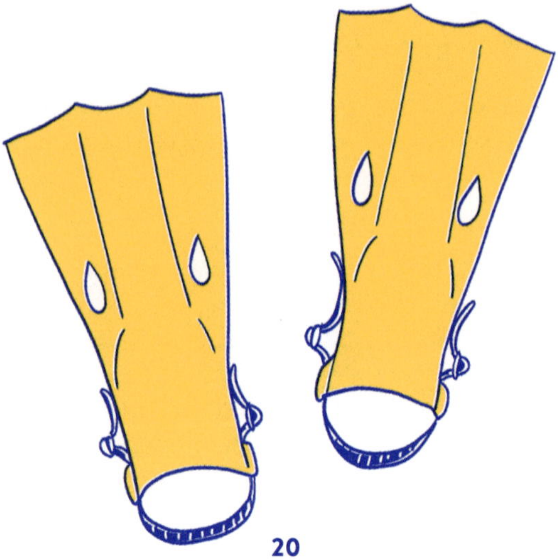

UN ENJEU DU XXIe SIÈCLE : RÉDUIRE LA PRODUCTION DE PLASTIQUE

LE TOP 3

L'Amérique, le Japon et l'Union européenne sont les plus grands producteurs mondiaux de déchets d'emballages plastiques par habitant.

PRÊTS À AGIR ?

À l'été 2018, *Le Journal du dimanche* consacre un numéro à « *la guerre au plastique* ». Elle serait « *déclarée* », affirme la une. D'après un sondage Eurobaromètre, 87 % des Européens se sentent aujourd'hui concernés par les effets du plastique sur l'environnement et 92 % pensent qu'il est nécessaire de prendre des mesures contre les plastiques à usage unique. Tant mieux, mais les bonnes intentions ne datent pas d'hier.

LE BLOCAGE DES LOBBIES

Dès les années 1960, on a pris conscience du problème que représentaient les déchets et des risques pour la faune marine notamment. Des taxes sur les produits à usage unique ont même été évoquées aux États-Unis. En vain. Le lobby du plastique a toujours réussi à les faire échouer, martelant l'argument selon lequel, en matière de pollution, chaque individu est responsable des produits qu'il achète. Industriels de l'agroalimentaire et lobbies de la plasturgie le répètent encore à l'envi : ils n'ont aucune responsabilité dans la pollution découlant des quantités astronomiques de plastique produites année après année. C'est au consommateur de choisir la bonne poubelle.

Ainsi, on trouve de drôles d'infos sur le site gestespropres.com. Ce site porte le nom d'une campagne contre les « *déchets sauvages* » (plastiques et autres jetés n'importe où par des individus

C'EST L'ONU QUI LE DIT :

« Le secteur privé doit innover en adoptant des modèles commerciaux qui reflètent la responsabilité de l'impact causé par leurs produits en aval. »

peu scrupuleux) menée par l'association Progrès et Environnement, dont les membres sont Coca-Cola, Haribo, Heineken, Danone Eaux... En 2016, Citeo (ex Éco-Emballages et partenaire de Vacances propres) déclarait avoir comptabilisé 60 000 tonnes de déchets sauvages (soit 6 tours Eiffel). Or, en 2017, selon Gestes propres (autrefois nommés Vacances propres), ce chiffre est soudainement passé à 310 000 tonnes (soit 31 tours Eiffel) ! Wouah : 5 fois plus d'incivisme en 1 an ! Alors, soit les citoyens deviennent de plus en plus irresponsables, soit on essaye de leur faire porter des chapeaux trop grands pour eux.

UNE PRODUCTION QUI DÉPASSE L'ENTENDEMENT

Une entreprise comme Coca-Cola, qui produit plus de 120 milliards (oui, milliards) de bouteilles par an (soit 4 000 par seconde)

avec l'ensemble de ses marques Sprite, Minute Maid, Fanta…, a choisi de passer du verre au plastique dans les années 1970. **Terminées les bouteilles en verre consignées, un système de bon sens.** Mais la consigne implique de collecter les bouteilles, puis de les laver. Cela a un coût. Arsen Darney, interviewé par Élise Lucet dans un numéro de *Cash Investigation* diffusé en septembre 2018, explique qu'il a pourtant rédigé un rapport il y a près de 50 ans, à la demande de la firme, pour comparer notamment l'impact écologique du verre et du plastique. **Ses conclusions : le verre a l'impact le plus faible, à condition qu'il soit réutilisé au moins 15 fois.** En dépit des conclusions de ce rapport, Coca a fait le choix de supprimer le verre et de développer le plastique. La firme, depuis, s'est aussi illustrée par ses réticences à investir dans le recyclage, même si elle revendique des positions inverses aujourd'hui.

PLUS DE 60 PAYS

ont adopté des politiques visant à réduire la pollution par les plastiques.

DES RAISONS D'ESPÉRER ?

L'ONU a consacré la journée de l'environnement en juin 2018 à alerter l'opinion mondiale et à préconiser des mesures notamment pour arrêter de produire des objets à usage unique. Tout en déclarant lucidement que **la production devrait continuer à monter en flèche « au cours des 10 à 15 prochaines années ».**

Distributeurs et industriels font des annonces. Chacun jure tout mettre en œuvre pour augmenter la proportion de plastique recyclé dans ses produits. La secrétaire d'État à la transition écologique et solidaire, Brune Poirson, affirme quant à elle que, d'ici 2025, tous les plastiques seront recyclés, ce qui apparaît comme très ambitieux. On parle plutôt de les « valoriser » (ce qui inclut l'incinération, plus facile à mettre en place).

Des idées simples surgissent : taxer les bouteilles en plastique non recyclé, remettre au goût du jour les consignes, uniformiser dans tout le pays les couleurs des poubelles, augmenter les points de collecte, soutenir la vente en vrac...

MAINTENIR LA PRESSION

Des associations, comme Plastic Attack France, appellent régulièrement les consommateurs à défaire les emballages inutiles de leurs achats aux caisses des grandes surfaces. Car au-delà des annonces et des promesses de plus de recyclage, il est nécessaire de garder en tête le nœud du problème : la consommation de plastique dans le monde continue d'augmenter. Selon une étude de l'université de Californie, la moitié du plastique fabriqué entre 1950 et 2015 l'a été au cours des 13 dernières années.

Pourtant, réduire la production est une nécessité dont élus et industriels parlent peu, voire pas du tout.

Certains pays ont réussi à faire machine arrière en ce qui concerne leurs déchets (le Royaume-Uni, l'Irlande, l'Espagne ou l'Estonie, dont les productions de déchets par habitant sont en baisse), mais pas encore la France. États et industriels ont de gros efforts à faire pour inverser la tendance et faire mentir ceux qui pensent que, d'ici à 2050, la consommation de plastique aura quadruplé.

LES DÉGÂTS SUR L'ENVIRONNEMENT

CHAPITRE 2

« Si la tendance actuelle continue, il y aura en 2050 plus de plastiques que de poissons dans les océans. »

António Guterres, secrétaire général des Nations unies

Laissons l'introduction à António Guterres, secrétaire général des Nations unies, et au message qu'il a passé en juin 2018 à l'occasion de la journée mondiale pour l'environnement :

« Notre monde est envahi par les déchets plastiques nocifs. Si la tendance actuelle continue, il y aura en 2050 plus de plastiques que de poissons dans les océans. [...] Chaque année, la population mondiale jette une quantité de plastiques qui serait suffisante pour faire quatre fois le tour de la Terre. Au moins 8 millions de tonnes de plastiques finissent dans les océans, l'équivalent d'un camion à ordures complet chaque minute, causant la mort d'un million d'oiseaux de mer et de 100 000 mammifères marins. »

C'EST L'ONU QUI LE DIT : SEULEMENT 9 % DES 9 MILLIARDS DE TONNES DE PLASTIQUE que le monde a pu produire ont été recyclées. La plupart des dêchets finit dans les décharges ou dans notre milieu naturel.

LE PLASTIQUE ENTRE TERRES ET MERS

La France produit près de 3,5 millions de tonnes de déchets en plastique par an, selon le lobby PlasticsEurope, dont le quart à peine sera recyclé. Le reste finit dans les incinérateurs (40 % environ) et plus du tiers dans des décharges.

LES DÉCHARGES, CES MONTICULES PLUS OU MOINS CACHÉS

Plusieurs dizaines de milliers de tonnes de déchets sauvages sont déversées chaque année en France dans les rivières, au bord de la mer, dans les bois ou en bordure des routes, bien que cela soit, bien sûr, illégal.

8 À 12 MILLIONS DE TONNES de plastique sont déversées dans les océans chaque année.

DANS LES OCÉANS, LA LIMITE EST DÉPASSÉE

Des millions de tonnes s'y accumulent depuis plus de 50 ans. Ces tonnes de matériaux ne se dissolvent pas dans l'eau, elles flottent, puis se fragmentent en morceaux de plus en plus petits et légers, effritées par les vagues, la chaleur et la lumière du soleil.

FOCUS SUR LA MER MÉDITERRANÉE

Elle représente 1 % des eaux de la planète mais 7 % des microplastiques, qui y sont 4 fois plus concentrés que dans les océans.

Source : WWF

LES CONTINENTS DE PLASTIQUE

Conséquence de cette accumulation : la formation de véritables « continents de plastique », 5 exactement, dans les océans Indien, Pacifique nord et sud et Atlantique nord et sud. Celui qu'on appelle le 7e continent se situe dans le Pacifique nord. Il était un peu plus vaste que la France en 2008 et couvrirait aujourd'hui 4 à 6 fois sa surface.

Les plastiques ont investi les lieux, sur des milliers de kilomètres carrés. Majoritairement, les morceaux sont invisibles. Ce sont de petits éléments qui ont coulé : des microplastiques de quelques millimètres, voire des nanoparticules, en suspension dans l'eau et jusqu'à très profond. Des milliards de tout petits morceaux, dont certains ont été retrouvés dans l'estomac de poissons évoluant à plus de 1 000 mètres sous la surface.

DES GRANULÉS PLASTIQUES EN PERDITION

L'association professionnelle de plasturgistes PlasticsEurope a publié en 2017 un rapport intitulé *Operation Clean Sweep*. Dans ce rapport, le lobby du plastique reconnaît sa responsabilité dans la perte de granulés – ces tout petits pellets qui sont une matière première et prendront différentes formes en usine.

De leur transport en containers sur des cargos à leur stockage en passant par leur transformation en usine, nombre de ces granulés sont perdus et finissent dispersés dans les rivières, puis en mer. Des quantités non chiffrées. Le lobby préconise de « bonnes pratiques » pour réduire les pertes, comme de balayer régulièrement les sites (!), ou d'identifier les conditions météorologiques qui augmentent les risques de pertes lors des transports en mer.

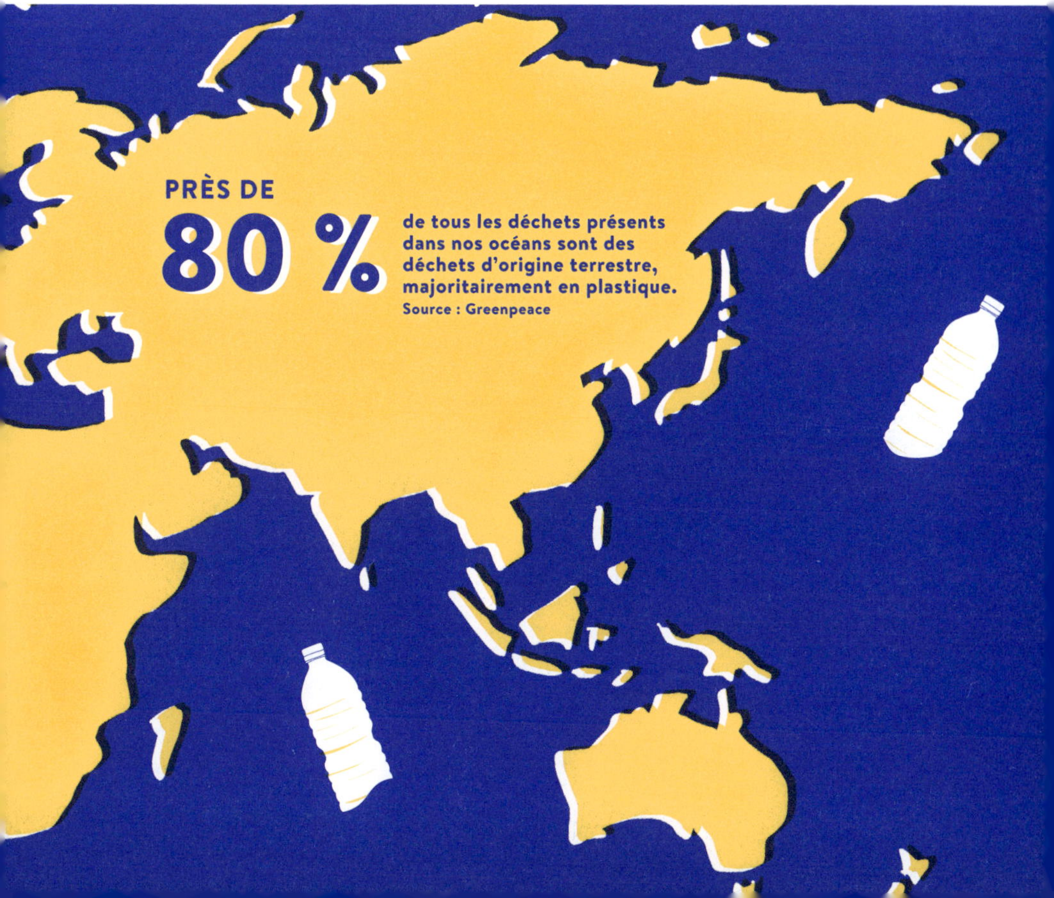

PLASTIQUE ET FAUNE MARINE

Poissons et oiseaux marins sont les premières victimes des déversements de plastique dans les fleuves ou les mers.

UNE MORTALITÉ ALARMANTE

Environ 1,5 million d'animaux meurt chaque année, pour avoir ingéré des plastiques. Il s'agit majoritairement d'oiseaux (plus d'une centaine d'espèces) et de poissons. En avril 2018, 29 kilos de plastiques ont été retrouvés dans la dépouille d'un jeune cachalot de 10 mètres échoué sur une plage en Espagne (des bidons, des sacs, des filets…). On a aussi vu une baleine qui s'était étouffée en avalant 80 sacs. Des albatros ont été observés nourrissant leurs petits avec des éléments en plastique qu'ils confondent avec leur nourriture.

DE MUTATIONS…

Des généticiens ont ainsi observé, rapportent Werner Boote et Gerhard Pretting dans leur livre *Plastic Planet*, que sous l'effet de substances plastiques agissant comme des hormones sexuelles, des animaux viennent au monde avec des pénis atrophiés ou des sexes hybrides. Ainsi, on a observé en Angleterre des poissons mâles produisant des ovules femelles. Et, en Arctique, des ours polaires naissant avec un pénis et un vagin !

… EN CHANGEMENTS DE COMPORTEMENT

Les perturbateurs hormonaux, comme pour l'homme, peuvent influencer le comportement des animaux. Entre 1940 et 1950, 80 % d'une colonie d'oiseaux de Floride, les pygargues à queue blanche, sont devenus stériles, racontent encore Boote et Pretting. En 10 ans, les substances toxiques qu'ils ont régulièrement ingérées ont modifié leur comportement sexuel : ils se sont de moins en moins accouplés, et la colonie a fini par devenir stérile.

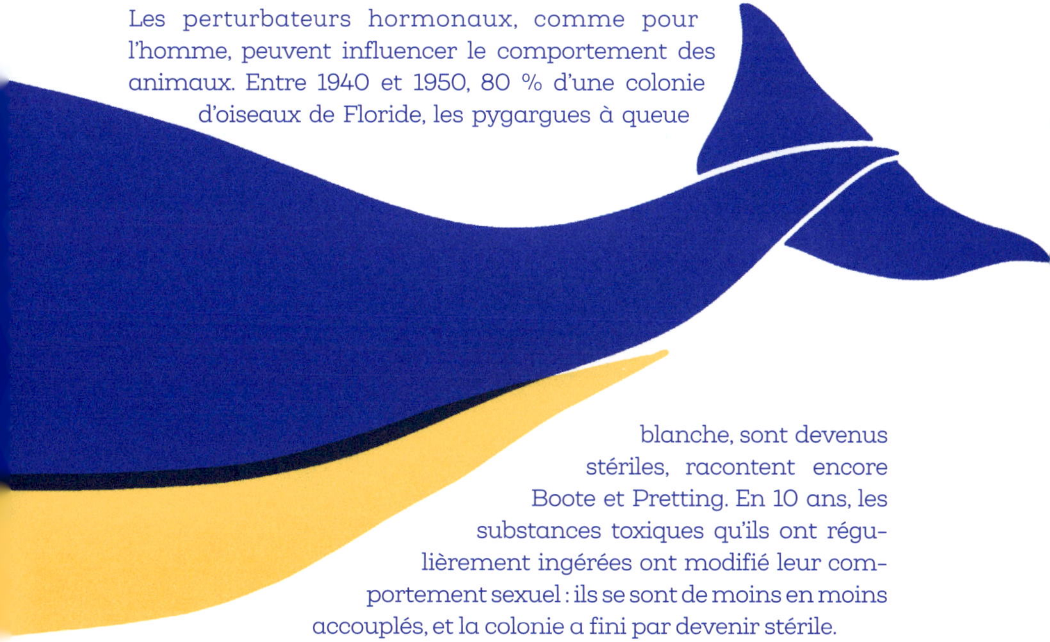

MICROPLASTIQUES ET BIOACCUMULATION

Des particules minuscules pénètrent le tout début de la chaîne alimentaire. Le phytoplancton, en effet, les absorbe. Et, bien que minuscules, ces microéléments sont toujours porteurs de produits chimiques toxiques, comme les perturbateurs endocriniens.

UN PHÉNOMÈNE DE CONCENTRATION

En passant d'un animal à l'autre tout au long de cette chaîne, certaines substances toxiques s'accumulent au lieu de disparaître, c'est-à-dire qu'elles se concentrent au lieu de diminuer. Les scientifiques appellent cela la « bioaccumulation ».

Exemple avec le PCB (polychlorobiphényles) présent dans certains adhésifs et peintures jusqu'à la fin des années 1970 : une étude de l'université de Versailles Saint-Quentin a calculé que le PCB absorbé par le plancton aurait une concentration multipliée par 800 au moment où il arrive en bout de chaîne alimentaire, dans l'estomac de l'ours polaire.

UNE PERSISTANCE DANS LE TEMPS

À cette augmentation de la concentration s'ajoute le fait que les produits restent présents au sein des espèces, même longtemps après avoir été ingérés. La même étude a ainsi mesuré la concentration en PCB dans les poissons du lac Léman. Alors que la fabrication de ce produit cessait progressivement à partir des années 1970, il aura fallu 40 ans pour observer un début de baisse de la contamination chez les poissons.

PLASTIQUE ET SANTÉ HUMAINE

CHAPITRE 3

« Nous avons des preuves
que les produits chimiques toxiques
ajoutés lors de la fabrication
du plastique sont transférés
dans les tissus animaux,
pour finalement entrer
dans notre chaîne alimentaire. »

L'état des plastiques,
ONU, juin 2018.

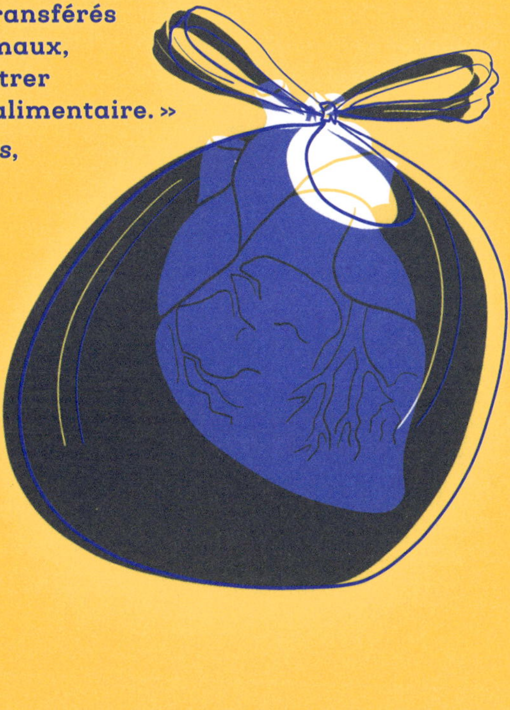

LES « MIGRATIONS » DU PLASTIQUE

Le docteur Jose Barreto, qui a publié en 2015 *Plastic-itis*, le rappelle : on soupçonne qu'une très forte proportion de cancers est liée à notre mode de vie et à notre alimentation. Ce que nous ingurgitons peut nous rendre malades. Lui, en fait, ne le soupçonne pas : il l'affirme.

DES TRACES DE PLASTIQUE DANS LES TISSUS HUMAINS

Sous l'effet de la chaleur ou d'utilisations répétées, certaines substances peuvent se détacher des matières plastiques. **Nous les avalons lorsque nous consommons ces produits.** Les éléments du plastique peuvent aussi être respirés ou pénétrer la peau.

Exemples :

➧ Quand vous faites chauffer une poêle en teflon, rayée, à haute température, des particules de teflon risquent de se retrouver dans votre ratatouille.

➧ Quand vous laissez une bouteille d'eau minérale au soleil ou que vous la réutilisez pour la 3e ou 5e fois, vous vous désaltérez de microparticules de plastique.

➧ Vous en respirez également le long des routes, où les pneus des voitures perdent 20 grammes de poussière plastique tous les 100 kilomètres, selon une étude d'Orbmedia.

Dès les années 1950, des études ont montré la présence de plastiques dans les tissus humains.

➧ Vous en appliquez sur votre peau chaque matin si vous utilisez certains gels douche.

➧ Et votre enfant risque d'en ingérer davantage s'il suçote ou mordille certains jouets en plastique.

C'EST L'ONU QUI LE DIT :

« Les produits en polystyrène, qui contiennent des produits chimiques cancérogènes comme le styrène et le benzène, sont très toxiques lorsqu'ils sont ingérés, endommageant le système nerveux, les poumons et les organes reproducteurs. »

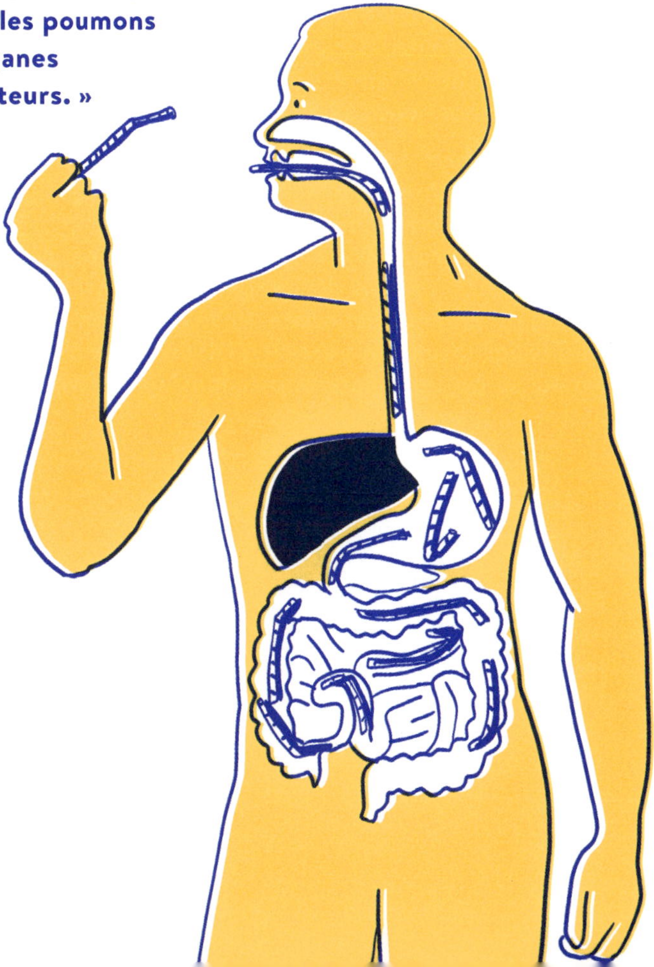

NOTRE SYSTÈME HORMONAL EN DANGER

Les plastiques contiennent des additifs, qui sont des perturbateurs endocriniens, comme les phtalates ou les retardateurs de flamme (certains sont, en plus, cancérogènes).

HORMONES ET PERTURBATEURS ENDOCRINIENS

Les hormones sont des messagers chimiques transportés par le sang, qui permettent la croissance de l'embryon puis de l'enfant et le bon fonctionnement du corps de l'adulte. Elles sont sécrétées par l'hypothalamus et l'hypophyse, la thyroïde, le pancréas, les glandes surrénales, les testicules et les ovaires. Les ovaires, par exemple, sécrètent des œstrogènes qui agissent notamment sur la croissance. La thyroïde, elle, produit des hormones qui équilibrent notre métabolisme.

Les perturbateurs endocriniens, en imitant les hormones naturelles, déséquilibrent leur fonctionnement subtil. Ils sont suspectés de provoquer maux de tête, changements d'humeur, mais aussi des troubles plus graves comme l'obésité, l'infertilité, l'hyperactivité ou la dépression... Et sont transmis au bébé *in utero* par la femme enceinte. L'âge auquel on est contaminé compte beaucoup. Les troubles qu'ils provoquent peuvent être immédiats ou se déclarer à plus long terme, voire se transmettre sur plusieurs générations...

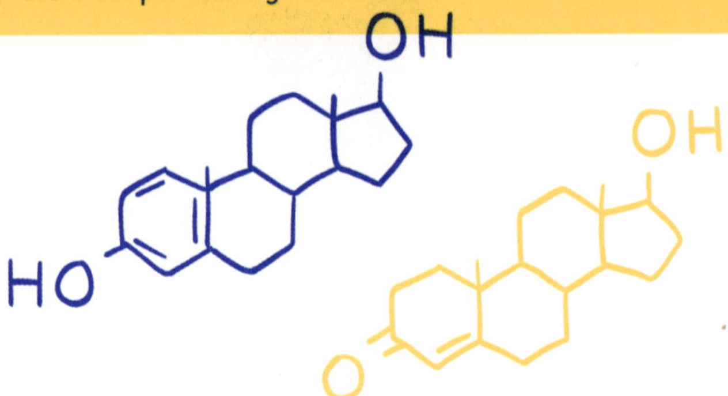

LES PERTURBATEURS ENDOCRINIENS PRÉSENTS DANS LES PLASTIQUES

CEUX DONT ON PARLE JUSQU'À PRÉSENT...

Les bisphénols

Le bisphénol A (ou BPA), qui était utilisé dans la composition des polycarbonates et comme additif dans les résines époxy (présentes dans les boîtes de conserve ou les cannettes), **est désormais interdit**.

Il était néfaste pour les fœtus notamment, avec des effets sur la fertilité et la puberté, par exemple. Mais d'autres bisphénols sont utilisés en remplacement. Les S et F notamment, alors que des études relayées par l'Association santé environnement France (ASEF) ont montré qu'ils n'étaient pas des alternatives saines...

Les phtalates

Composés chimiques utilisés pour rendre le plastique flexible, **ils sont présents dans le PVC** mais également dans de nombreux emballages souples.

Ils permettent également de véhiculer les parfums, c'est pourquoi on en trouve dans des cosmétiques. Les phtalates, dont certains seulement sont interdits, sont soupçonnés d'altérer le développement de l'enfant, de jouer un rôle dans le cancer des testicules, et d'entraîner certaines fausses couches et malformations de l'appareil génital des garçons.

... ET LES AUTRES

Une étude menée par l'*Agence santé publique France* en 2011 auprès de plus de **4 000 femmes enceintes a relevé 117 polluants dans leurs échantillons d'urine et de sang.** Parmi eux, des composants du plastique.

POURCENTAGES DE FEMMES ENCEINTES IMPRÉGNÉES PAR DES POLLUANTS (SUR LES 4 145 DE L'ÉTUDE)

100 %
PAR LES RETARDATEURS DE FLAMME BROMÉS

99,6 %
PAR LES PHTALATES

70 %
PAR LE BPA

EMBRYONS ET PLASTIQUE

Les bébés naissent « pré-pollués » ! C'est un cri d'alarme qu'a lancé la Fédération internationale des gynéco-obstétriciens. Troubles de la croissance fœtale, faible poids à la naissance... Les bébés sont touchés *in utero* par les éléments chimiques ingurgités par leur mère.

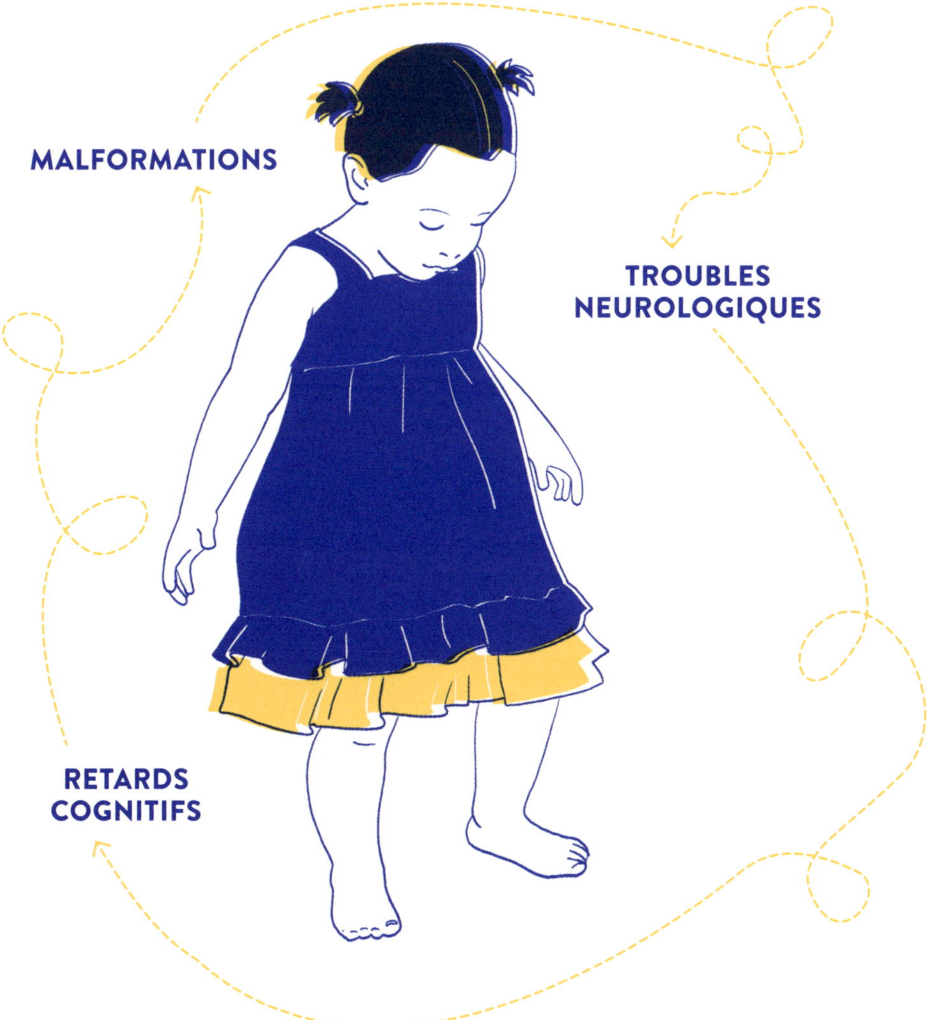

COMMENT SE PROTÉGER ?

Pour savoir à quel plastique on a affaire, il faut regarder les triangles numérotés 1 à 7.

LA CLASSIFICATION DES DIFFÉRENTS TYPES DE PLASTIQUE

Symbole	Type de plastique	Aliments ou cosmétiques qui lui sont destinés
1 PET	Polyéthylène téréphtalate (PET)	Bouteilles d'eau, de lait, ketchup
2 PEHD 4 PEBD	Polyéthylène haute et basse densités	Jus de fruits, barquettes alimentaires, shampoings
3 PVC	Polychlorure de vinyle (PVC)	Peu utilisé dans les emballages alimentaires, mais présent dans les jouets
5 PP	Polypropylène (PP)	Barquettes de salades composées, boîtes pour conserver les aliments, pots de yaourt, déodorants, boîtes de glace
6 PS	Polystyrène	Boîtes d'œufs, certains pots de yaourt
7 Autre	Polycarbonate (tous les autres plastiques)	Jouets, emballages divers

\+ DANGEREUX

→ IL FAUT SE MÉFIER DES 3 PVC 6 PS à cause de la présence de phtalates dans le 3 PVC (PVC) et de styrène dans le 6 PS.

→ LA CATÉGORIE 7 Autre EST UN FOURRE-TOUT qui regroupe tous les autres types de plastique. Des additifs très nocifs peuvent rentrer dans leur composition.

→ QUANT AU 1 PET, IL CORRESPOND AUX BOUTEILLES PET, pour l'eau notamment. Il ne faut les utiliser qu'une fois et ne pas les laisser à la chaleur (sinon on risque d'ingurgiter des microéléments).

→ LES 2 PEHD 4 PEBD 5 PP SONT LES MOINS CITÉS lorsqu'on évoque des risques cancérogènes ou la présence de perturbateurs endocriniens.

\- DANGEREUX

LE DILEMME DES GNOCCHIS

Les gnocchis à poêler dont mes enfants raffolent sont emballés dans un film plastique où je ne vois aucun triangle... Ce n'est pas du polystyrène ni du PVC, ça doit être du 2 PEHD 4 PEBD ou 5 PP, mais possiblement aussi du 7 Autre – et là, je me dis que c'est complètement dingo de faire ses courses sans information claire, en se demandant quel matériau et quel poison potentiel entourent la nourriture ! Et comme la notion de confiance est définitivement perdue entre les industries de l'agroalimentaire ou du plastique et moi, je repose les gnocchis !

LA LÉGISLATION QUI FAIT DU BIEN : REACH

Adopté en 2007, ce règlement européen (*Registration, Evaluation, Authorization and Restriction of Chemicals*) vise à rendre plus transparente l'utilisation des substances chimiques par les industriels. « *Pas de données, pas de marché* » : à partir d'une production égale ou supérieure à 1 tonne de n'importe quel produit, les entreprises doivent enregistrer les substances utilisées auprès de l'Agence européenne des produits chimiques, où elles sont classées selon leur degré de dangerosité. Dans le grand désert qu'était l'information chimique en Europe, c'est un premier pas.

LES INDICES QUI ALERTENT

- **Une gourde qui « sent » le plastique** et donne un drôle de goût à l'eau.
- **Une boîte en plastique** qui reste rouge après avoir renfermé de la sauce tomate.
- **Un rideau de douch**e qui renvoie une odeur forte lorsqu'on le sort de son emballage...
- **Autant d'indices qui dénoncent la présence de particules bien toxiques** qui s'envolent pourtant chez vous au-dessus de votre baignoire.

Et qui doivent vous diriger direct vers la poubelle !

LES LIMITES DU RECYCLAGE : D'HYPOCRISIES EN ABSURDITÉS

CHAPITRE 4

Disons-le d'emblée : le recyclage n'est pas la solution pour régler le problème des déchets plastiques, même s'il est présenté comme tel.

TOUT RECYCLER ? UN VŒU PIEUX

DES OBSTACLES MAJEURS

➧ **Nous ne sommes pas capables de recycler tous les plastiques** (difficultés techniques à traiter les matériaux mixtes et certains additifs, problème de rentabilité et de débouchés... Sans parler de la collecte et des quantités pharaoniques auxquelles il faudrait s'attaquer).

➧ **Plusieurs enquêtes ont montré la difficulté de recycler le plastique en éliminant totalement les POP** (polluants organiques persistants) comme les retardateurs de flamme bromés.

➧ **Les plastiques qui se recyclent ne le sont pas à l'infini :** au bout de 2, 3 ou 4 fois, ils ne sont plus recyclables.

C'EST L'ONU QUI LE DIT :

« Nous sommes d'ores et déjà incapables de faire face à la quantité de plastiques que nous produisons. Seule une infime partie en est recyclée. »

LE MIRAGE DE « L'ÉCONOMIE CIRCULAIRE »

Toujours représentée par un joli rond, une boucle qui suggère que rien ne se perd, tout se transforme, l'économie circulaire n'est réellement possible qu'avec des matières organiques. Comme les épluchures que vous mettez dans votre compost.

Mais les plastiques, eux, au bout de quelques recyclages – qui les voient intégrés le plus souvent à de nouveaux plastiques vierges –, finissent par devenir des déchets. Dont on ne sait pas quoi faire, à part les enfouir, ou les brûler.

L'ORGANISATION ACTUELLE EN FRANCE

Pour commencer, on trie aujourd'hui un peu n'importe comment…

DES BACS DE TRI DIFFÉRENTS DANS TOUT LE PAYS

Chez moi, c'est le bac bleu qui accueille les produits recyclables (cartons, journaux, bouteilles d'eau, cannettes, boîtes de conserve, certaines bouteilles de lait et certains flacons de produits ménagers – il n'est pas aisé de savoir lesquels… on y reviendra). La poubelle pour le tout-venant est gris foncé.

Mais en vacances dans le sud de la France, c'est l'inverse ! Le bac noir à couvercle jaune accueille les recyclables ! Cette inversion nous vaut régulièrement des plongées en apnée pour récupérer ce qui a été jeté par erreur…

À mi-distance de mon domicile de grande banlieue et des vacances en Gironde, il y a la maison de mes parents. Qui ont été particulièrement gâtés par leur communauté de communes :

Selon Brune Poirson, secrétaire d'État auprès du ministre de la transition écologique, en 2018, à Paris

MOINS DE 1 BOUTEILLE SUR 10

est collectée.

pas de bac pour eux, mais un cageot, jaune, en plastique, à peine plus haut et large que les cageots de fruits et légumes. C'est le degré zéro de l'intimité et de l'hygiène. Sans parler de la bouillie cartonneuse, récupérée quand il pleut. Résultat : ma mère ne trie quasiment plus et, franchement, qui pourrait la blâmer ?

Fort heureusement, le gouvernement a promis une harmonisation des bacs et des consignes de tri. On l'attend avec impatience.

L'IMBROGLIO DES LOGOS

LE CASSE-TÊTE DU SANDWICH…

Prenons un emballage de sandwich-triangle. Je vois, dans une sorte de rectangle destiné à l'information sur le recyclage, le logo rond nommé « point vert », formé de 2 flèches qui s'entrecroisent : il ne signifie donc pas du tout que la barquette est recyclable ! Pourtant, juste à côté, comme s'il fallait porter une attention particulière à cet emballage, est écrit : « PENSEZ AU TRI ! » À côté, un 3e dessin (un sac-poubelle) est complété par la légende : « Barquette et film plastique sont à jeter ! » Tant d'informations contradictoires en si peu de place. On aurait presque l'impression que c'est fait pour nous perdre…

Attention : ne pas confondre le ruban de Möbius (voir ci-contre) avec les symboles d'identification des plastiques… qui sont aussi des triangles, on l'a vu, formés de 3 flèches, mais avec un numéro dedans (limpide, on vous dit).

Le Tidy man est censé vous inciter à… mettre vos déchets à la poubelle (on commence doucement).

Le Triman, apparu en 2015, indique pour sa part que le produit est recyclable (ah !), mais où ? (Plouf, plouf : bac, déchèterie ou point de collecte ?)

Le point vert, présent quasiment partout, permet de reconnaître une entreprise partenaire du programme de valorisation des emballages – elle participe financièrement. Pourtant, l'immense majorité des gens pensent qu'il veut dire « recyclable », avec ses jolies flèches qui tournent.

Le ruban de Möbius signifie que le produit est recyclable « si le système de collecte existe » et « si les consignes de tri sont respectées ». Précision : le même ruban plus épais avec un pourcentage à l'intérieur indique que le produit est recyclé, à x %. Tout le monde suit ?

QUE DEVIENNENT LES PLASTIQUES MIS À RECYCLER ?

Avant les années 1980, le recyclage des plastiques était quasiment inexistant. Et si vous croyez, comme moi naguère, que, aujourd'hui, tous les emballages déposés consciencieusement dans le bac du recyclage sont effectivement recyclés, eh bien vous vous trompez.

Après votre tri à vous, ils sont à nouveau passés au crible dans un centre de tri proche de chez vous, qui sélectionne ceux qu'on saura traiter, principalement les plastiques 1 PET, 2 PEHD et 5 PP. Et ce ne sont pas les mêmes partout. Les pots de yaourt, par exemple, ne sont traités que dans peu de régions pour l'instant.

La bouteille PET est la star du recyclage : elle est réduite en tout petits morceaux qui serviront à fabriquer par exemple d'autres bouteilles mais surtout des fibres textiles (pour faire des couettes, des ours en peluche, des balais.)

Et les autres plastiques ? Ils sont enfouis ou brûlent dans des incinérateurs. Leur chaleur peut être utilisée, mais ce n'est pas toujours le cas, comme source d'énergie. On dit alors qu'ils sont « valorisés ». Évidemment, en se consumant, ils libèrent dans l'atmosphère des éléments dont on n'est pas vraiment sûrs qu'ils soient très sains à respirer...

C'EST L'ONU QUI LE DIT :

« L'élimination des déchets plastiques par incinération dans des fosses à ciel ouvert libère des gaz nocifs comme le furane et la dioxine. »

DES OBJECTIFS TRÈS AMBITIEUX…

Le gouvernement a claironné : 100 % de plastique recyclés en 2025 ! Certains professionnels préfèrent dire 100 % de plastiques « valorisés », car l'objectif n'est pas très réaliste.

… VOIRE INATTEIGNABLES

Il faudrait en effet une politique hyper volontariste pour parvenir à : 1/ harmoniser les poubelles et consignes dans tout le pays et augmenter les collectes et les points de collecte ; 2/ renforcer le tri dans les centres de recyclage et parvenir à traiter plus de plastiques – tous, c'est impossible ; 3/ trouver des applications et des marchés nouveaux aux matériaux obtenus, qui pour l'instant renaissent sous 2 formes principales : de nouvelles bouteilles et des fibres synthétiques.

3,4 MILLIONS
de tonnes d'emballages ménagers ont été recyclées en France en 2017, soit
71 000 TONNES
de plus qu'en 2016.

En France, seuls 20 à 25 % des plastiques sont recyclés. En Allemagne, c'est la moitié des déchets plastiques qui est recyclée, 40 % au Royaume-Uni et près de 60 % en Slovénie, selon Eurostat.

DUR, DUR, DE TRANSFORMER LE PLASTIQUE !

Susan Freinkel explique très bien dans *Plastic, a toxic love story*, ce qui se passait il n'y a pas si longtemps de cela à San Francisco, ville pourtant pionnière en matière d'écologie. On y transformait facilement les plastiques ♳ PET ♴ PEHD (des bouteilles, le plus souvent). Les autres, numérotées ♵ PVC à ♹ Autre, étaient chargés sur des cargos direction la Chine, où ils étaient, pour certains, triés et nettoyés

par des ouvriers payés une misère de l'heure – condition pour que leur transformation en pellets réutilisables soit rentable.

Une bouteille recyclée émet
70 % DE CO_2 EN MOINS
que la même en plastique vierge.

NOS DÉCHETS : CHEZ LES AUTRES !

L'Europe également a longtemps compté sur l'Asie pour accueillir les plastiques les plus difficiles à traiter. J'écris au passé, car la Chine vient de dire : « Stop ! » Elle ne veut plus être la poubelle de la planète, et a déjà bien du mal à traiter ses propres déchets.

L'IMPORTATION DES DÉCHETS DANS LES PAYS D'ASIE DU SUD-EST

Elle reste un problème pour ces nombreux États qui voient arriver des tonnes de plastique, légalement ou illégalement, en provenance des pays riches. En Thaïlande, par exemple, des containers en provenance de 35 pays, dont la France, accostent régulièrement. Des élus s'en inquiètent, car le pays n'a pas les capacités pour traiter tous les plastiques qu'il reçoit, parmi les plus difficiles, bien sûr, à recycler.

LES PLASTIQUES « VERTS » : INFO OU INTOX ?

Biosourcés, dégradables, biodégradables, compostables : vous êtes perdus ? C'est normal, d'autant que les mots affichés ne correspondent pas toujours à leur sens réel. Par exemple, on pourrait penser que laisser un sac dit « biodégradable » dans la nature n'a pas de conséquences négatives, puisqu'il va se désagréger tranquillement, comme une épluchure ! Eh bien, non ! « Biosourcé » et « biodégradable », signifient seulement que des éléments naturels entrent dans la composition du produit.

LES PLASTIQUES BIOSOURCÉS

Ils sont fabriqués à partir de ressources naturelles : maïs, pommes de terre, betteraves à sucre... mais pas que. Leur composition intègre du plastique normal également. En France, ils doivent présenter au moins 40 % de matières naturelles.

LES PLASTIQUES DÉGRADABLES

Ce sont par exemple les films oxodégradables, qu'on trouve en magasin bio comme alternative au papier sulfurisé. Ils se dégradent effectivement plus vite, tout en restant du plastique. Cela signifie qu'ils deviendront de tout petits éléments... plus rapidement.

La production de bioplastiques dans le monde s'élève à
4 MILLIONS DE TONNES
par an.
Source : Science advances 2017

LES PLASTIQUES 100 % BIODÉGRADABLES

Ils sont encore très rares. Au Chili, une entreprise a mis au point un sac en plastique à partir de calcaire, qui se dissout donc complètement dans l'eau. Ce qui présente l'avantage d'utiliser un matériau de base facilement accessible et gratuit (qui ne viendra pas du bout du monde comme la canne à sucre).

LE PLASTIQUE COMPOSTABLE

Il se réduira également dans les composts industriels, qui atteignent les 60 °C, ou dans votre compost perso (où vous pouvez observer combien de temps il met à se dégrader).

C'EST L'ONU QUI LE DIT :

« Une augmentation significative de la production de plastiques biosourcés à un niveau comparable à celui des plastiques conventionnels pourrait avoir un impact négatif sur la production de cultures vivrières. »

LE LOGO À ZIEUTER

OK Compost

Les questions qui restent en suspens :

➧ Quid des additifs ? Les mêmes substances, perturbateurs endocriniens en tête, continuent-elles à être ajoutées ?

➧ La consommation d'eau et l'énergie nécessaire à la production des solutions alternatives doivent être prises en compte.

LES SOLUTIONS D'AVENIR

COMMENT SE DÉBARRASSER INTELLIGEMMENT DES DÉCHETS NON RECYCLABLES ?

Enfin, de ceux que nous allons créer dans les années à venir, parce que pour les milliards de microéléments accumulés dans les océans et dans la nature, c'est trop tard. Mais pour le plastique qu'on produit aujourd'hui, la recherche avance. On sait par exemple transformer le plastique non recyclable en carburant. C'est ce que le navire *Plastic Odyssey* fait découvrir avec son pyrolyseur capable de transformer 4 kilos de déchets en 3 litres de carburant.

DES PLASTIQUES VRAIMENT VERTS ?

Puisqu'il semble illusoire d'imaginer une vie sans plastique – ne serait-ce que dans le domaine médical où il est devenu indispensable –, est-on capable d'en produire qui n'empoisonne personne et puisse entrer dans une véritable économie circulaire, sans déchets non recyclables ?

On sait utiliser les algues et les déchets agricoles. Une entreprise bretonne a présenté il y a déjà plusieurs années un procédé de fabrication à base d'algues brunes totalement dégradables dans la nature, affirme-t-elle, en moins de 100 jours.

DES BACTÉRIES QUI MANGENT LE PLASTIQUE ?

Il en existe. Des Japonais de l'université de Kyoto en ont par exemple trouvé une qui se nourrit du carbone présent dans le polyéthylène. Il lui faut quelques semaines pour désagréger 1 à 2 centimètres de PET, mais beaucoup plus de temps pour les autres plastiques...

EN PRATIQUE, COMMENT JE FAIS POUR M'EN PASSER ?

PARTIE 2

AU SUPER-MARCHÉ

CHAPITRE 1

Le matériel nécessaire pour mieux faire ses courses :

- **Des cabas réutilisables à user jusqu'au bout**
- **Des paniers en osier, des sacs en tissu, des cagettes**
- **Des bocaux et boîtes réutilisables**
- **Des sachets en papier réutilisables (comme celui du pain)**

TRAQUER LES EMBALLAGES INUTILES

45 % **de la production de plastique en Europe est dévolue aux emballages. Elle augmente notamment à cause des repas pris en dehors de chez soi…**

LE CADDIE DÉBORDE DE PLASTIQUES !

Comment faire ses courses sans revenir avec des monceaux d'emballages (blisters, sachets, barquettes, sacs…) ?

SOLUTIONS

➜ **JE BANNIS LES ALIMENTS SUREMBALLÉS** de façon parfois… stupide. Par exemple, la noix de coco entourée d'un film !

➜ **J'EXCLUS AUSSI DE MON CHARIOT TOUS LES PAQUETS REMPLIS DE SACHETS INDIVIDUELS** (comme les madeleines, difficiles à trouver autrement qu'emballées 2 fois).

➜ **JE RÉUTILISE AU MAXIMUM LES SACS** (pour d'autres courses, pour les poubelles…), ainsi que les boîtes en plastique (pour mes courses chez le charcutier ou le crémier d'une semaine sur l'autre).

➜ **J'UTILISE JUSQU'AU BOUT LES CABAS RÉUTILISABLES** pour les grosses courses et, une fois qu'ils sont trop usés, j'investis dans de jolis paniers en osier, sacs en tissu, ou même je me sers de cagettes de fruits !

Problème, problème... Dans notre Amap (association où l'on achète directement au producteur, en s'engageant sur un volume d'achats annuels et réguliers), tous les adhérents, producteurs et acheteurs, se sentent concernés par le problème des emballages et du plastique. Mais les éviter totalement est impossible. Par exemple, la productrice de bœuf nous livre des cartons de 5 ou 10 kilos, dont les morceaux sont sous vide afin que nous puissions les congeler... Pour l'instant, nous n'avons pas trouvé de solution.

JE NE SUIS PAS UN HÉROS

J'ai eu la bonne idée de peser fruits et légumes en m'aidant d'un sac en plastique du rayon avant de les verser dans mon panier en osier, sur lequel j'ai collé les étiquettes (et bye-bye le sac en plastique : tu retournes dans ton dérouleur !). Les étiquettes ont juste tenu le temps de finir les courses et de passer à la caisse : j'étais super contente de ma trouvaille « 0 emballage » ! Sauf que la caissière m'a douchée. « Je comprends bien que c'est plus écolo, mais moi je dois vérifier les poids d'un client sur 10, et comment je fais avec vous, hein ?! » Bah, t'as qu'à te dire que je suis la 8e, patate, ou alors tu sors mes 4 goldens et tu les poses sur la balance, ou alors tu me fais confiance (ça pourrait aussi s'envisager, hein, vu que je viens depuis à peu près 10 ans). Bon, la fois d'après, j'ai mis les fruits et légumes dans des sacs en papier marron. Que je garde. Et réutilise en collant les étiquettes les unes sur les autres. Na.

La durée d'utilisation moyenne d'un sac plastique est de **10 À 12 MINUTES.**

ÉLIMINER LE PLASTIQUE AU CONTACT DES ALIMENTS

LES EMBALLAGES EN PLASTIQUE PEUVENT ÊTRE TOXIQUES.

L'escalope de dinde que mon mari vient d'acheter, en barquette (7 Autre), est flippante : le groupe 7, c'est le fameux dernier groupe aux compositions diverses et variées. Impossible de savoir ce qu'il y a au contact de la viande. Le 6 PS est d'ailleurs tout aussi flippant.

C'EST L'ONU QUI LE DIT :

« Les toxines contenues dans les récipients en polystyrène peuvent s'infiltrer dans les aliments et les boissons. »

SOLUTIONS

➜ **JE BANNIS LES VIANDES ET FROMAGES EN BARQUETTES, SOUS FILMS OU BLISTERS, OU, AU MOINS, LES EMBALLAGES 6 PS ET 7 Autre.**

➜ **JE LES CHOISIS AU RAYON « FRAIS »** ou, encore mieux, au marché et chez les commerçants.

➜ **JE NE PRENDS QUE LES PAPIERS** que les vendeurs proposent (pas les sacs), ou bien, si ces papiers sont doublés d'un film plastique, j'apporte mes tup-tup en verre (ou encore les boîtes fournies, d'une fois sur l'autre).

➜ Si je dois vraiment acheter sous emballage, **JE PRIVILÉGIE LES 2 PEHD 4 PEBD ET 5 PP.**

JE NE SUIS PAS UN HÉROS

La première fois que j'ai demandé au charcutier de mon supermarché de mettre les tranches de rôti cuit dans ma boîte, j'avais préparé un grand sourire et plein d'arguments pour le convaincre (après ma défaite avec sa collègue de la caisse). Mais il a accepté immédiatement – j'étais presque déçue : il s'est saisi du papier avec film plastique que je voulais précisément éviter pour peser les tranches avant de les mettre dans la boîte… Conclusion : lui suggérer d'utiliser la tare de sa balance et ma boîte directement. C'est ce que j'ai fait en souriant la semaine suivante. Et là, piteux, il m'a dit que la balance était « pré-tarée » et qu'il ne savait pas la modifier. Quand ça veut pas…

VERRE VS PLASTIQUE : QU'EST-CE QUI EST MIEUX POUR LA PLANÈTE ?

Le verre, sans hésitation. Il est recyclable à plus de 80 % (100 %, selon les sources), et à l'infini. Il est bien collecté en France. Et, côté santé, il ne contient pas de perturbateurs endocriniens. Tout l'inverse du plastique, en somme. Si on parle bilan carbone, le verre est moins bon que le plastique. Il est notamment plus lourd à transporter, donc engendre plus d'émissions de CO_2. Un argument qui pousse certains à préférer les briques, même si elles contiennent un peu d'alu et de plastique. L'idéal, en fait, serait tout simplement de revenir aux consignes des bouteilles de verre. Réutiliser, au lieu de jeter. Faire preuve de bon sens, quoi.

DU PLASTIQUE SE CACHE AUSSI DANS LES BOÎTES EN MÉTAL.

Eh oui, les cannettes en aluminium et les boîtes de conserve métalliques peuvent également être tapissées de résine en plastique.

SOLUTION

➧ Pour chaque type d'aliment, **JE CHERCHE D'AUTRES CONTENANTS :**

- Je choisis les légumes **EN BOCAUX.**
- Les croquettes du chat **EN PAQUETS CARTONNÉS.**
- **LE LAIT EN BRIQUES** (mais sachez qu'il y a superposition polyéthylène - alu - carton dans les briques, avec une majorité de carton).
- Le jus de fruits **EN BRIQUES OU EN BOUTEILLES.**

LES EMBALLAGES QUI NE SONT PAS RECYCLABLES

LES POTS DE YAOURT NE SE RECYCLENT PAS.

Sauf dans quelques coins de France…

SOLUTIONS

➧ **J'ACHÈTE DES YAOURTS DANS DES POTS EN VERRE.**

➧ Surtout, **JE FAIS DU HOME MADE AVEC MA YAOURTIÈRE.** Franchement c'est enfantin – avec 1 litre de lait entier et 1 yaourt bien frais (pour les ferments lactiques), j'en fabrique entre 7 et 11, selon les tailles de pots, qui se font en fait tout seuls, la nuit. Et 2 fois par semaine, ça fait 2 packs en moins au supermarché. Je les fais nature, et chacun ajoute ce qu'il veut – miel, sucre de canne, confiture…

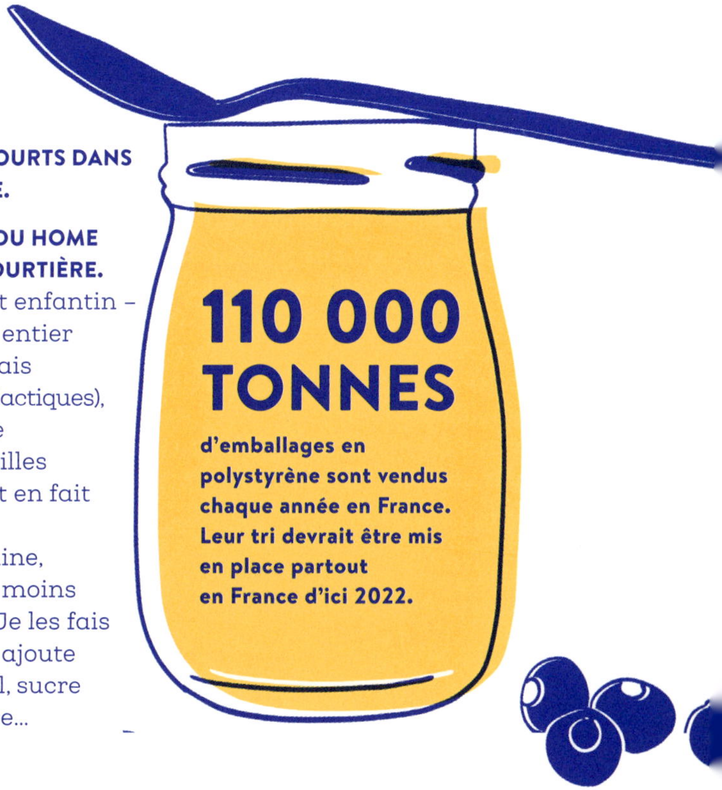

110 000 TONNES

d'emballages en polystyrène sont vendus chaque année en France. Leur tri devrait être mis en place partout en France d'ici 2022.

LA SOLUTION DU VRAC

C'est idéal pour réduire les emballages et éviter le risque de migration des particules vers les aliments. En achetant en vrac, on met directement la quantité de produit qu'on souhaite dans un contenant qu'on choisit. De plus en plus d'enseignes ouvrent dans les grandes villes (Comptoir du vrac, Day by day...). Et des rayons entiers fleurissent dans les Biocoop, Naturalia, Natureo et autres magasins bio indépendants. Sans oublier le premier pourvoyeur de vrac, présent même dans les petites communes : le marché !

EN VRAC, ON TROUVE DE TOUT

Pas seulement des fruits secs, des céréales ou des mélanges pour apéritif, mais aussi des pâtes et du riz, du thé et du café (pour éviter les sachets au propylène), et même de l'huile, du vinaigre ou des sirops pour le goûter. On peut même se procurer des chutes de savon de Marseille – pour ceux qui veulent faire leur propre lessive. Et en achetant la quantité souhaitée, on ne s'encombre pas de 250 grammes d'une épice qu'on utilisera une seule fois. Il faut juste apprendre à s'équiper : 1 ou 2 bouteilles selon votre liste + des boîtes en plastique et des sachets en carton, qu'on videra chez soi dans des bocaux et des boîtes en fer !

Toutes les adresses de boutiques sont sur l'appli consoVRAC.

DANS LA CUISINE

CHAPITRE 2

Le matériel nécessaire pour mieux boire et manger :

➜ Des bouteilles en verre, des pots en métal, des boîtes de conservation en verre (avec seulement un couvercle en plastique)

➜ Des pichets, brocs, carafes…

➜ Les boîtes en plastique données par les commerçants - charcutiers, crémiers (à réutiliser pour le transport des achats seulement)

QUELLE EAU BOIRE : BOUTEILLE OU ROBINET ?

L'EAU EN BOUTEILLE CONTIENT DU PLASTIQUE.

Des microparticules migrent de la bouteille vers le liquide, surtout si 1/ la bouteille est en pleine chaleur et 2/ on la réutilise. Mieux vaut cesser de garder pendant un mois la même petite bouteille près de son lit...

SOLUTIONS

➜ **JE BANNIS LES BOUTEILLES EN PLASTIQUE.**

➜ **JE PIOCHE DANS LE CATALOGUE CARRICK** qui propose des articles de scoutisme, comme les gourdes en Inox, tout simplement.

➜ **J'EN TROUVE ÉGALEMENT DANS LES GRANDES ENSEIGNES** de matériel sportif.

➜ **JE LES REMPLIS D'EAU DU ROBINET.** C'est mieux que de boire l'eau des bouteilles, mais ça n'est pas idéal car...

on obtiendrait

- 5 kilos

de déchets par an et par habitant en arrêtant d'acheter de l'eau en bouteille.

L'EAU DU ROBINET AUSSI !

75%

des échantillons d'eau du robinet prélevés en Europe
pour l'enquête d'Orb media (2017)
contiennent du plastique.

SOLUTION

➜ **JE LA BOIS QUAND MÊME !** Au moins j'évite de jeter des bouteilles et cela coûte beaucoup moins cher. Mais, au minimum, je la laisse reposer dans une carafe 1 ou 2 heures avant de la boire, une amie médecin m'a conseillé ce truc afin que les microparticules tombent au fond (et on jette le dernier centimètre cube).

C'EST L'ONU QUI LE DIT :
1 MILLION
DE BOUTEILLES EN PLASTIQUE EST CONSOMMÉ CHAQUE MINUTE SUR TERRE.

LES BONS CHOIX EN MATIÈRE D'USTENSILES

POÊLES ET CASSEROLES PEUVENT TRANSMETTRE DES NANOPARTICULES.

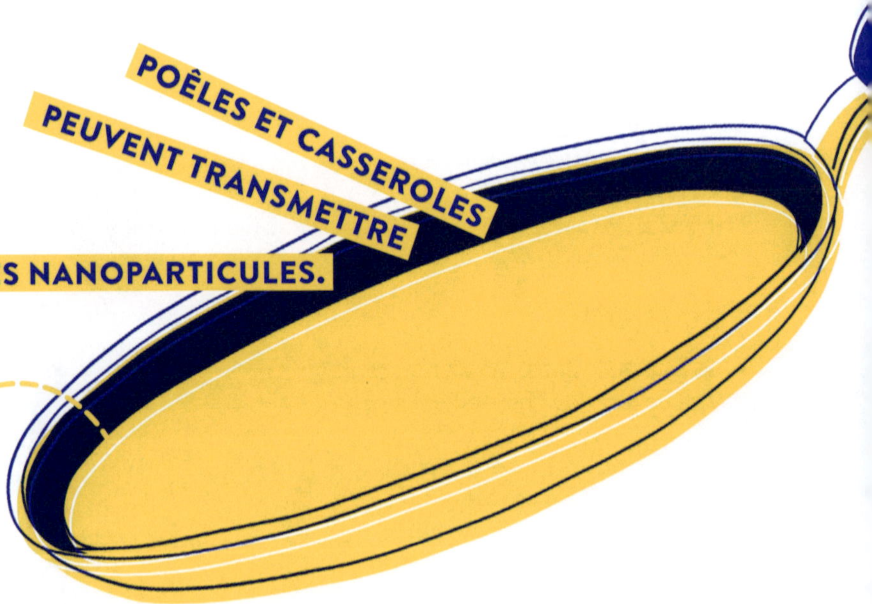

Les poêles antiadhésives au teflon, autrement nommé polytétrafluoroéthylène, ne doivent pas être utilisées si le revêtement est rayé. En outre, les anciens modèles peuvent contenir de l'acide perfluorooctanoïque (PFOA), lui aussi toxique dès qu'on le chauffe fort.

SOLUTIONS

➜ **JE BANNIS LES REVÊTEMENTS NOIRS** (car j'ai observé plusieurs marques de poêles : aucune indication n'est donnée quant aux matériaux utilisés).

➜ Je remplace progressivement poêles, moules et casseroles par des gammes avec **UN REVÊTEMENT EN CÉRAMIQUE OU EN INOX.** Idem pour les ustensiles de cuisson : Inox également, ou bien bois ou bambou.

D'AUTRES USTENSILES OU ACCESSOIRES SONT DOUTEUX.

Dans mon élan, pourquoi ne pas me débarrasser aussi de tous les objets inutiles et pas nets ?

SOLUTIONS

➧ **J'ÉLIMINE LES ÉCO-CUPS,** ces gobelets « réutilisables » 100 % plastoc qu'on vous donne dans les festivals, mais qui finiront un jour ou l'autre en déchets !

➧ **OUSTE LA MACHINE À CAFÉ** (et ses dosettes-déchets qui font culpabiliser). Je réintègre le Bodum (pour plusieurs) et le mini-moka (rien que pour moi) acheté pendant mon Erasmus en Italie ! Un vrai expresso, qui chauffe sur le gaz et que je dose comme je veux.

➧ Pour la bouilloire, même logique : **JE LA REMPLACE PAR UNE BOUILLOIRE EN ACIER INOX** qui chauffe sur le gaz en sifflotant.

L'OBJET SYMPA : LA CUILLÈRE-PAILLE

Pour remplacer les pailles en plastique (qui seront bientôt interdites), Nature et Découvertes vend des petites cuillères en Inox avec un manche un peu plus allongé et creux qui fait office de paille. Rigolo et écolo !

JE NE SUIS PAS UN HÉROS

Contre l'avis et les conseils de tous les guides et de la papesse « 0 déchet » Béa Johnson, j'ai gardé l'essoreuse à salade. Je sais, c'est un des trucs dont on peut se débarrasser en premier pour la remplacer par un simple... torchon. Mais moi, je la trouve pratique... Et ça fait un torchon de moins à laver...

LE FILM ALIMENTAIRE EST BIEN PRATIQUE, ET HYGIÉNIQUE, MAIS C'EST DU PLASTIQUE.

SEMI-SOLUTION

Dans le frigo, on peut conserver les aliments dans des boîtes en verre, ou dans la bonne vieille assiette creuse recouverte d'une assiette plate ! Pour les sandwiches, j'ai acheté du film « sans phtalates » et « oxodégradable », en magasin bio. Oxo, ça veut dire qu'il contient des additifs lui permettant de se désagréger plus vite dans la nature (où il devient tout de même des microéléments de plastique). Pas top.

VRAIE SOLUTION

Puis j'ai découvert « L'atelier des pépites » qui propose des créations réutilisables : pour 13 euros, deux emballages de tailles différentes et lavables, fabriqués à partir de cire d'abeille. Super pour recouvrir les assiettes dans le frigo (à ne pas mettre au four). J'ai aussi découvert sur YouTube des tutos pour coudre des « wraps à sandwich ». On peut aussi en acheter (sur le site du « fait main » etsy.com, par exemple). Et exit le film alimentaire !

PLASTIQUE ET CHALEUR NE FONT PAS BON MÉNAGE.

Mieux vaut éviter de réchauffer la nourriture dans des contenants en plastique (au four à micro-ondes par exemple).

SOLUTIONS

➜ **JE PEUX STOCKER LES RESTES** dans des boîtes en plastique, mais jamais les réchauffer dedans.

➜ **JE SORS UNE CASSEROLE EN INOX,** ou une assiette en céramique pour les fanas du micro-ondes.

RETROUVER LE PLAISIR DE CUISINER

ON CONSOMME TROP D'ALIMENTS INDUSTRIELS « PLASTIFIÉS ».

Ils ont du plastique autour (les emballages) et parfois dedans (les bisphénols ou phtalates qui migrent, plus les nanoparticules ingurgitées avant nous dans la chaîne alimentaire, par les poissons, par exemple).

SOLUTIONS

➜ **J'INVESTIS, SELON MES GOÛTS, DANS UNE YAOURTIÈRE,** une plaque multi-crêpes ou des moules à madeleines (en Inox de préférence).

➜ **JE REVIENS PEU À PEU AU « FAIT MAISON »,** en me fixant des paliers (d'abord les desserts ou les repas du week-end…).

➜ **JE DÉGAGE DU TEMPS POUR CUISINER EN FAMILLE** le week-end (je pense à faire en double et à congeler la moitié) et je m'y mets aussi 2 soirées par semaine.

➜ **JE COMMENCE PAR LE PLUS FACILE** et par ce que j'aime cuisiner.

Les alliés du « fait maison » : le boulanger, quand vous avez trop bullé le dimanche. Pain au chocolat et chausson aux pommes, c'est mieux que des biscuits industriels. Et le charcutier, quand vous avez loupé le coche pour la pizza ou les lasagnes maison.

1re ÉTAPE : LE GOÛTER

Avec mon mari, on a choisi de commencer par les goûters. Nous préparons de la pâte à crêpes (ou à gaufres) le dimanche – en congelant la moitié. Et hop ! 2 goûters en réserve ! Un pour le dimanche et un tout prêt pour le mercredi (jour où je suis présente pour les enfants).

Nous préparons aussi 2 gâteaux simples et rapides (type gâteau au yaourt, marbré, crumbles ou clafoutis...) et on en congèle un. Cela fait 4 goûters de gagnés (parce qu'on ne laisse pas les 3 garçons se gaver de TOUT le gâteau : il doit tenir 2 goûters !). On n'a pas encore trouvé la recette idéale de cookies, mais on est sur le coup !

Et on tente de sensibiliser nos petits addicts au sucre à d'autres formes de « quatre-heures » : les fruits séchés (la mangue a cartonné), les fruits secs (noix et amandes, ça marche pas mal), les fruits tout court (là, gros bide, pour eux c'est un dessert et ils tiennent à leurs habitudes), et même les graines (tournesols ou courge).

2e ÉTAPE : LES QUICHES ET PIZZAS MAISON

Hyper facile de faire une pâte brisée ou une pâte à pizza : ça prend 10 minutes ! Et bien meilleur d'acheter un talon de jambon ou de la poitrine chez le charcutier plutôt que des lardons en barquette ! De plus, j'ai remarqué qu'une quiche maison satisfait l'appétit de 5 personnes dont 2 ados (personne ne demande à en reprendre, et non, ce n'est pas parce qu'elle n'est pas bonne ! C'est juste qu'elle est VRAIMENT nourrissante), alors que la version réalisée avec de la pâte industrielle et des lardons en barquette les laissait sur leur faim : ils en demandaient deux !

ET LE SILICONE DES MOULES, C'EST DU PLASTIQUE ?

Oui et non. C'est un matériau hybride, dont les bases chimiques sont le silicium et l'oxygène, auxquels peuvent être rajoutés des hydrocarbures (bases des plastiques). Il existe donc plusieurs types de silicones… Il est très utilisé en médecine (pour les implants et pour les coupes menstruelles aussi). En cuisine, il faut faire attention à en acheter de bonne qualité – qui ne blanchisse pas quand on le pince –, et s'assurer qu'il résiste à une chaleur supérieure à 200 °C (ce qui est souvent précisé sur les moules).

CÔTÉ INTIME : LES COSMÉTIQUES

CHAPITRE 3

Les ingrédients et l'équipement pour les *Do it yourself* de l'intimité :

- **Quelques coupelles pour recueillir et tester les recettes de déo, dentifrice…**
- **De petites boîtes en métal pour les emmener partout lorsque vous les aurez adoptées**
- **Une fourchette (qui tient le rôle d'un fouet pour les petites quantités)**
- **Du bicarbonate de soude**
- **Des huiles essentielles (menthe ou citron pour le dentifrice, palmarosa pour le déo – attention à la manipulation de ces huiles : certaines sont déconseillées chez les enfants ou lorsqu'on est enceinte)**
- **De l'huile de coco**

UNE SALLE DE BAIN SANS PHTALATES

UN RIDEAU DE DOUCHE EN PVC PEUT LIBÉRER DES PHTALATES.

Ces composants chimiques se dispersent dans l'air très facilement. Ils se fixent ensuite dans les minuscules poussières de la salle de bain et vous les respirez quotidiennement.

SOLUTIONS

➜ **CHOISIR UN RIDEAU AVEC UN MAXIMUM DE COMPOSANT TEXTILE** ou au moins sans phtalates.

➜ **INSTALLER UNE PORTE** ou une cloison en Plexiglas (oui, c'est encore du plastique, mais avec moins d'éléments volatils).

DES COSMÉTIQUES SAINS...

SHAMPOINGS ET GELS DOUCHE PEUVENT CONTENIR DES PERTURBATEURS ENDOCRINIENS.

Avez-vous déjà essayé de lire les compositions des cosmétiques ? C'est incompréhensible. On peut utiliser l'appli Yuka pour en savoir un peu plus, s'informer sur les additifs nocifs notamment. Si vous ne voulez pas que votre peau les absorbe, le plus simple, en règle générale, c'est d'acheter bio.

SOLUTIONS

➜ **JE BANNIS LES COSMÉTIQUES « FLUIDES ».**

➜ **J'ACHÈTE DES PAINS DE SAVON** – souvent bien meilleurs pour la peau (savon d'Alep, de Marseille, d'argan...) SANS emballage. On en trouve dans les boutiques de vrac. Au supermarché du coin, certaines marques emballent les savonnettes uniquement dans du carton (Mont St Michel ou Diadermine par exemple, mais aussi les marques de supermarché comme Labell).

➜ **JE CHOISIS DES SHAMPOINGS SOLIDES.** L'idée est la même : passer du flacon en plastoc à l'emballage en carton. Les shampoings solides sont surtout vendus en magasins bio. Ils sont économiques car ils durent bien plus longtemps que ceux en flacon.

LA RÉACTION BÉBÊTE

Celle de mon mari (que j'aime quand même) : il a eu peur que la nouvelle forme du shampoing solide ne « perturbe » notre plus jeune fils, âgé de 4 ans. « Tu comprends, pour lui, le shampoing qui-ne-pique-pas, c'est le flacon blanc ! On ne va pas lui brouiller ses repères ! » Je n'ai rien dit, et au bain suivant, je lui ai brouillé ses repères. Conclusion : il a été ravi de frotter tout seul le shampoing sur sa tête, et comme il mousse beaucoup moins que ceux en flacon, le rinçage s'est fait à moindres cris !

MA CRÈME HYDRATANTE SERAIT AUSSI À REMPLACER.

Son tube n'est pas recyclable et sa composition est sujette à caution.

SOLUTIONS

➜ **J'AI DÉCIDÉ DE CHOISIR UNE MARQUE SÛRE,** comme Welleda – qu'on trouve en pharmacie et en magasins bio. Celle au calendula est pratique, car elle convient au visage et au corps de toute la famille, et le tube est en alu. Mon dermato conseille de s'orienter vers les produits dont la liste des composants est la moins longue.

➜ **ON PEUT AUSSI CHOISIR DES HUILES SÈCHES** pour le corps et du beurre de karité pour les cheveux.

JE NE SUIS PAS UN HÉROS MAIS PRESQUE

Quand on a un ado, supprimer le gel douche de sa marque préférée, c'est sans doute la deuxième pire torture après la suppression du portable (et du déo). Donc mon ado a gardé son duo douche/déo Adidas, mais seulement pour le collège et les vestiaires du foot !

... ET AVEC MOINS D'EMBALLAGE PLASTIQUE

UN DENTIFRICE SANS TUBE EN PLASTIQUE ?

PRESQUE INTROUVABLE !

SOLUTION

➜ Se retrousser les manches et le fabriquer !

MES BROSSES À DENTS ONT TOUTES DES MANCHES EN PLASTIQUE.

C'EST L'ONU QUI LE DIT :

« Les entreprises devraient mettre fin à l'utilisation de microplastiques dans les produits de consommation comme le dentifrice, les gels douche, et les crèmes. »

RECETTE DU DENTIFRICE MAISON

Voici la plus simple, trouvée sur le site dentaly.org, un portail d'informations sur la santé bucco-dentaire (qui en propose plusieurs, selon les besoins de vos quenottes) : **1/3 de bicarbonate de soude, 2/3 de poudre d'argile blanche, quelques gouttes d'huile essentielle de menthe.**
J'ai commencé par des cuillères à café et j'ai obtenu une fine poudre que j'ai placée dans une petite coupelle en terre cuite. 3 cuillères à café de ces ingrédients ont duré presque 2 semaines, à 5 personnes. Enfin, 5... il a fallu un peu de temps pour que les enfants trempent le bout des poils de leur brosse mouillée dans la poudre, mais ils ont adhéré dès la première tentative. Le bicarbonate a un goût un peu salé, la poudre fait le même effet en bouche qu'un dentifrice classique – elle mousse moins, c'est tout. Je préfère préparer de petites quantités plus souvent afin de garder une poudre bien propre.

SOLUTION

➔ **EN CHOISIR UNE EN BAMBOU, TOTALEMENT DÉGRADABLE.** Celle-ci, on ne la trouve qu'en magasin bio ou vrac. C'est mieux que les brosses en plastique recyclé, ou celles dont on garde la moitié du manche en changeant régulièrement le haut de la brosse. Un jour ou l'autre, le recyclage n'est plus possible.

ATTENTION AUX PRIX !

Parfois, cela vaut le coup de fabriquer soi-même !
Exemple : le dentifrice solide vendu 12 euros quand votre mélange revient à quelques centimes avec presque les mêmes ingrédients, bof. Autant réserver ses achats pour les trucs vraiment infaisables, comme les brosses à dents en bambou (autour de 8 euros), ou les « oriculi », ces petits cure-oreilles réutilisables, vendus en ligne ou en magasins bio par la marque Lamazuna (4,50 euros l'unité).

COMMENT REMPLACER LE DÉO SPRAY, BILLE, STICK ?

➜ **SE PROCURER UNE PIERRE D'ALUN** en magasin bio. C'est efficace. Il en existe de forme arrondie, plus facile à appliquer.

➜ **FABRIQUER SOI-MÊME UNE CRÈME DÉODORANTE.**

RECETTE DU DÉO MAISON

Voici une préparation simplifiée à partir de diverses recettes et conseils :

Mélanger à la fourchette 2 cuillères à café de bicarbonate et 3 d'huile de coco. Ajouter 4 à 5 gouttes d'huile essentielle de palmarosa. Mettre au frigo 2 heures pour laisser figer. On obtient une crème granulée, agréable à passer, aux doigts, sous les aisselles. Pas de trace blanche.

L'option super simple (lorsqu'on est pressé) : certains conseillent une goutte de palmarosa directement sous les aisselles, ou bien de faire pénétrer un peu de bicarbonate très fin, tout seul. Dans un cas, ça sent fort au début, dans l'autre, ça ne sent rien du tout.

La précaution à prendre : prendre une boîte différente de celle du dentifrice (mon mari s'est brossé les dents au déo le premier soir).

ENTRE 10 000
ET 15 000
produits menstruels jetables sont utilisés par une femme au cours de sa vie.

POUR LUI ET MOI

LES PRODUITS D'HYGIÈNE INTIME SONT DES NIDS À PLASTOC (ET AUTRES COCHONNERIES).

On trouve du plastique AUTOUR, mais on en a également trouvé DANS les protège-slips, serviettes hygiéniques et tampons. Et les sachets d'emballages vont direct dans les décharges ou les incinérateurs.

SOLUTIONS

➜ **N'ACHETER QUE DES PRODUITS BIO** ou estampillés 0 % plastique, comme Natracare.

➜ **DIRE ADIEU AUX TAMPONS ET ESSAYER LA COUPE MENSTRUELLE.** Elle est en silicone médical ou TPE (thermoplastique élastomère), un cousin du plastique, certes, mais sans phtalates. Ce type de silicone est utilisé pour les tétines des biberons, notamment.
Et sa durée de vie est de plusieurs années. Elle recueille pour une durée conseillée de 6 heures maximum le flux que l'on récupère et vide lors d'un passage aux toilettes (lavabo obligatoire).

JE NE SUIS PAS UN HÉROS MAIS PRESQUE

Se procurer des serviettes lavables ? OK, mais seulement pour les jours tranquilles chez soi. Comme pour les couches lavables, il faut être prête à les frotter à l'eau froide, puis les mettre à la machine après chaque utilisation. Chronophage. Et impossible lorsqu'on est en déplacement. Mais en avoir quelques-unes pour le week-end, les vacances ou le télétravail, c'est autant de serviettes jetables en moins.

LES RASOIRS JETABLES, POUR LUI OU MOI, SONT UNE CALAMITÉ.

Et les rasoirs en plastique dont on change les lames après 2 ou 3 utilisations ne valent pas mieux. En plus, la peau est toute rêche après leur passage, nous obligeant à forcer sur les crèmes hydratantes.

SOLUTIONS

➜ **LE RASOIR ÉLECTRIQUE,** pour monsieur, s'il aime... mais pour nous, ça tire un peu !

➜ **DÉNICHER UN BON VIEUX RASOIR EN INOX,** avec ses lames à changer seulement 1 ou 2 fois par an. Très bon choix donc autant pour la barbe de monsieur que pour les gambettes de madame. Une trentaine d'euros le rasoir et moins de 10 euros les 10 lames, on est partis pour 10 ans ! (Certes, on a galéré pour en trouver : il faut chercher en droguerie ou chez les barbiers.)

Depuis 1975, BIC a vendu plus de 60 MILLIARDS DE RASOIRS.

LES PRÉSERVATIFS SONT EN PLASTIQUE OU EN LATEX SYNTHÉTIQUE.

Ils contiennent en plus différents composants chimiques, comme des stabilisants, des colorants..., qui peuvent provoquer des irritations et des allergies.

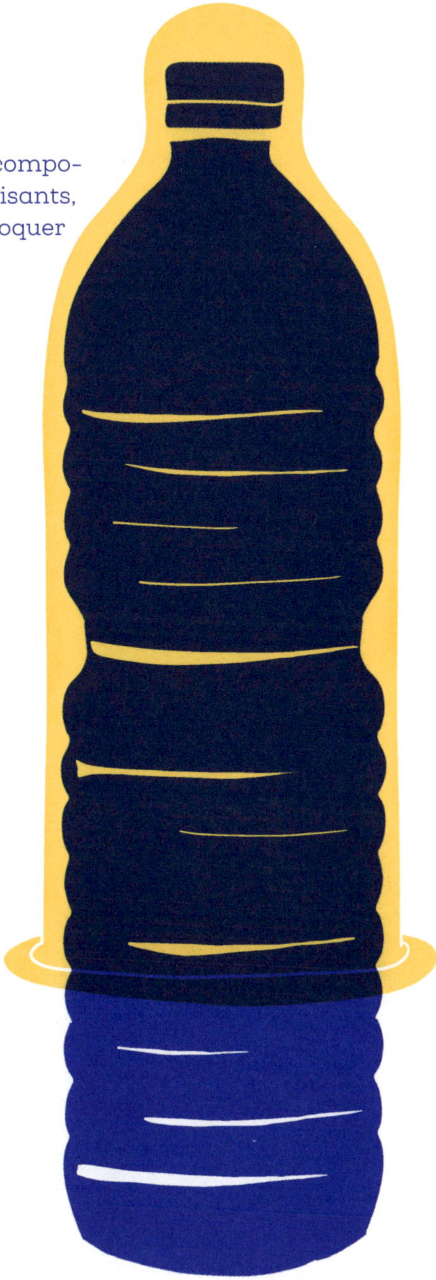

SOLUTION

➧ **LES ACHETER EN LATEX NATUREL** (marques French Letter, Sustain ou encore Love Pack en magasins bio).

LE BILAN QUI BOOSTE !

En un an :

➧ Moins 10 tubes de dentifrice
➧ Moins 20 brosses à dents en plastique
➧ Moins 12 à 15 flacons de gel douche
➧ Moins 15 à 20 flacons de shampoing
➧ Moins 5 à 8 tubes de crème hydratante
➧ Moins 10 paquets de serviettes hygiéniques
➧ Moins 5 paquets de lames de rasoir jetables

LA TOILETTE DE BÉBÉ

Des analyses menées pour *60 Millions de consommateurs* en 2017
ONT MIS AU JOUR JUSQU'À 54 CONTAMINANTS
DANS LES CHEVEUX DE 43 ENFANTS ÂGÉS DE 10 À 15 ANS.
PARMI EUX, BISPHÉNOLS DANS 98 % DES ÉCHANTILLONS
ET 10 SORTES DE PHTALATES.

LES COUCHES JETABLES PEUVENT CONTENIR DES PRODUITS CANCÉROGÈNES.

Des HAP (hydrocarbures aromatiques polycycliques) ont été retrouvés dans des couches pour bébé.

SOLUTIONS

- **JE BANNIS LES COUCHES ORDINAIRES** et « premier prix ».
- **J'ACHÈTE DES COUCHES ÉCOLO**, garanties sans plastique.
- Ou, pour les très courageux, **JE PASSE AUX COUCHES LAVABLES** (total respect).

LES LINGETTES JETABLES ONT AUSSI DE QUOI INQUIÉTER.

Certaines ont révélé la présence de perturbateurs endocriniens.

SOLUTIONS

➧ **JE LES REMPLACE PAR DU COTON ET DE L'EAU**, tout simplement.

➧ Ou par **DU LINIMENT**, qui fait également office de crème réparatrice pour fesses irritées. J'en achète 1 litre en pharmacie, qui durera un certain temps, puis je réutilise la bouteille avec du fait maison.

➧ Je trouve des marques qui proposent des **DÉBARBOUILLETTES EN COTON BIO OU EN FIBRES NATURELLES**.

Le bon site : Les Tendances d'Emma. Il propose un kit « Éco-chou », contenant 10 carrés de coton (pour le pipi) et 10 gants (pour le reste), tous lavables, qui remplacent cotons et lingettes. Livrés dans une boîte en bois (même l'adhésif de l'emballage en carton est dégradable) avec un filet de lavage. 40 euros environ.

Le +, on choisit le textile : du coton bio, de la viscose de bambou (avec 10 % de polyester, quand même) ou du Tencel d'eucalyptus. Pour 6 euros, on peut acheter, pour tester, un carré en coton, un gant en eucalyptus et une débarbouillette en bambou.

RECETTE DU LINIMENT

(tirée du guide *Le Zéro déchet* de Camille Ratia)
100 ml d'eau de chaux – à trouver en pharmacie ou magasins bio –, 100 ml d'huile d'olive bio et 5 grammes de cire d'abeille à faire fondre au bain-marie, pour stabiliser (sinon, on remue bien avant chaque usage).

LE MIEL : ATOUT BEAUTÉ ET SANTÉ

Pour les mamans qui allaitent, les premiers temps sont souvent ceux des crevasses au bout des seins. Pour les éviter sans passer par des crèmes industrielles, on peut s'enduire les tétons d'une cuillère à café de miel mélangée à 4 ou 5 gouttes de citron après chaque tétée. Le citron cicatrise et désinfecte, le miel adoucit et régénère.

Le miel est aussi utilisable en masque hydratant pour le visage ou en baume pour lèvres abîmées. Il permet d'éviter le silicone souvent présent dans les sticks. On trouve des recettes très faciles à réaliser sur le Net ou dans les guides, en ajoutant en général de la cire d'abeille et/ou une huile végétale.

L'ENTRETIEN DE LA MAISON

CHAPITRE 4

Les ingrédients et l'équipement pour les *Do it yourself* (DIY) de ma droguerie perso :

- **Des bouteilles et bidons (en plastique) pour stocker le liquide pour les WC et celui pour les sols / cuisine / salle de bain (gardez vos derniers bidons achetés)**
- **Un faitout pour les mélanges**
- **Un fouet en Inox**
- **Un entonnoir**
- **Du vinaigre blanc**
- **Du savon noir**
- **De l'acide citrique**
- **De la farine**

DES PRODUITS INUTILES ET DANGEREUX

LES PRODUITS MÉNAGERS POLLUENT L'AIR INTÉRIEUR DES MAISONS.

L'odeur chimique post-ménage n'inspire rien de bon. Des retardateurs de flamme et des phtalates issus de produits d'entretien peuvent se déposer sur les poussières ou les surfaces des meubles que vous nettoyez.

SOLUTIONS

➜ **JE BANNIS LES PRODUITS AGRESSIFS ET MULTIPLES.** Pas besoin d'un flacon pour l'évier, d'un autre pour le lavabo et la baignoire, d'un autre encore pour les sols, et d'un dernier pour les toilettes.

➜ **J'ACHÈTE DU SAVON NOIR ET DU VINAIGRE BLANC,** les 2 produits avec lesquels on peut tout entretenir.
J'ai une amie adepte du vinaigre blanc. Elle en met partout (ça nettoie et ça détartre en même temps). Elle en a même une réserve dans sa douche – elle donne un petit coup d'éponge avant d'en sortir !
Moi, j'ai du mal avec l'odeur. J'ai essayé d'ajouter des huiles essentielles, mais le résultat ne m'a pas convaincue. Du coup, je me suis tournée vers le savon noir, sous forme liquide. Pur ou dilué, selon qu'on frotte l'évier ou qu'on lessive le sol. Le parfum est neutre, le produit dégraisse bien et peut même servir de détachant pour le linge.

FABRIQUER SES PROPRES PRODUITS

LE SAVON NOIR PEUT SE RÉVÉLER INEFFICACE…

Pour détartrer le fond des toilettes, par exemple, il n'est pas d'un grand secours.

SOLUTION

➜ **J'ESSAIE QUELQUES PRÉPARATIONS MAISON !**

RECETTE DU DÉTARTRANT

De la farine et de l'acide citrique ! Jusqu'à présent, j'enlevais l'eau – hyper désagréable l'odeur du calcaire au fond de la cuvette –, et je versais du vinaigre blanc. Maintenant, je saupoudre en souriant, debout et pas à genoux devant la cuvette, un peu de farine, puis un peu d'acide citrique. Dans cet ordre. J'interdis l'accès une nuit. Je tire la chasse et je brosse. Bon, il reste encore quelques traces sur les rebords, mais franchement, pour l'effort fourni, le résultat est optimal ! Merci la *Famille zéro déchet* de Jérémie Pichon et Bénédicte Moret !

JE NE SUIS PAS UN HÉROS

Jouer au petit chimiste comporte des risques. Une amie qui voulait déboucher sa baignoire a légèrement changé la formule trouvée dans un guide et remplacé le bicarbonate de soude par des cristaux. « C'est pareil ! » Ben non. Elle s'est retrouvée avec une pellicule bien compacte au-dessus de sa bonde !

LA RÉACTION BÉBÊTE

De mon frère, en l'occurrence. Pour lui, un produit n'est pas efficace s'il n'est pas bleu ou vert fluo. Il a besoin d'être ébloui par le gel qu'il met dans ses toilettes – et que ça sente fort la lavande ou l'eucalyptus, aussi. Il convient que c'est complètement débile et que le vinaigre blanc, c'est mieux (pour toutes les raisons qu'on lui a expliquées, à lui aussi), mais non. Devant la cuvette, il lui faut son bidon en forme de canard. Avec de la javel en plus. Pour être sûr.
(Il refuse aussi le déo maison et la brosse à dents en bambou, mais là, on n'a pas compris pourquoi...)

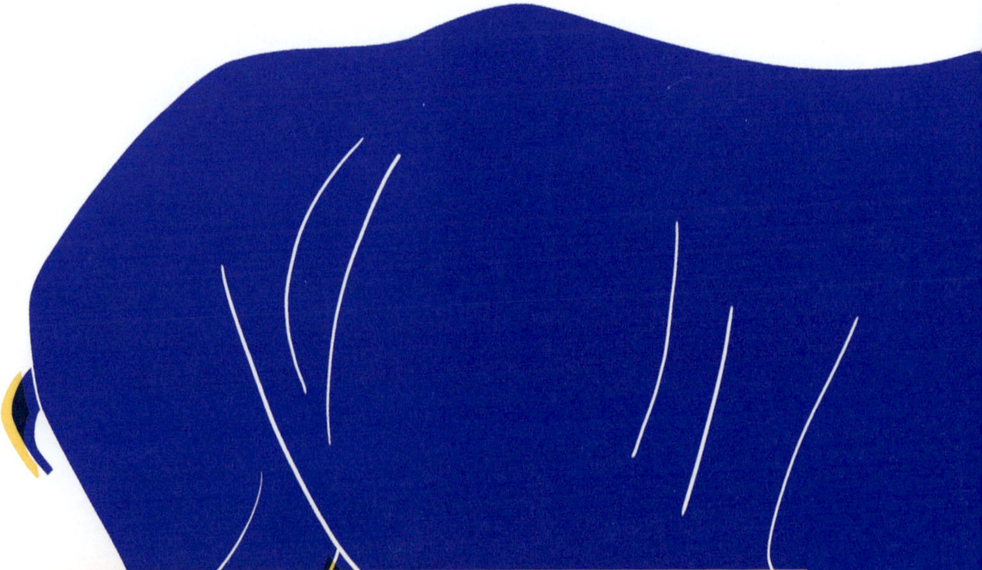

PETITS MOMENTS DE SOLITUDE...

Fabriquer du liquide vaisselle : 1er test !
J'ai débord essayé une recette fort simple à base de citrons mixés et de vinaigre blanc.
Le soir même, monsieur rend son verdict : « Ça ne mousse pas, ça pue et mes doigts vont sentir le vinaigre pendant 3 jours. » *Avec des réactions de rhinocéros bourru et mal dégrossi, on n'est pas prêt de changer le monde !* pensai-je alors sans rien répondre (technique éprouvée du silence qui laisse mourir le débat...). Pourtant, le lendemain, seule devant l'évier, j'ai bien dû reconnaître que mon rhinocéros avait eu les mots justes, et qu'en plus, le produit ne dégraissait pas...

Fabriquer du liquide vaisselle : 2e test !!
Cette fois, j'ai testé un mélange à base de savon noir et de bicarbonate de soude. À la première vaisselle, j'ai sauté de joie, comme dans les pubs : ça dégraissait ! Mais aux vaisselles suivantes, plus du tout. Je ne suis pas chimiste, mais je l'affirme : il y a des mixtures qui ne tiennent pas la distance...

REMPLACER LE LIQUIDE VAISSELLE, C'EST MISSION IMPOSSIBLE !

Toutes mes tentatives pour essayer d'en faire moi-même ont été vouées à l'échec.

SEMI-SOLUTIONS

➜ **ACHETER UN PETIT BIDON RECHARGEABLE** en magasin de vrac. Au moins, on réduit le nombre de flacons en plastique.

➜ **REVENIR À LA MÉTHODE DE MÉMÉ :** vaisselle à l'eau très chaude ! Et c'est tout !

LE BILAN QUI BOOSTE !

5 bidons en moins dans les placards : lessive, adoucissant, produit spécial WC, spécial sols cuisine et SDB et produit lave-vaisselle !

VIVE LA SOBRIÉTÉ !

LE LAVE-VAISSELLE NÉCESSITE DE LA POUDRE ET DU LIQUIDE RINÇAGE.

Ça fait déjà 2 bidons pour un seul appareil électroménager.

SOLUTION

➜ **ACHETER DES TABLETTES 3 EN 1** (lavage, rinçage et sels régénérants) - entourées d'un film qui se dissout dans l'eau - rangées dans des boîtes en carton. Et voilà, ça, c'est fait !

LE LAVE-LINGE DEMANDE, LUI, LESSIVE ET ADOUCISSANT.

Grrr, lessives liquides et adoucissants sont eux aussi dans des bidons.

SOLUTION

➜ **CHOISIR LA LESSIVE EN POUDRE DANS DES BOÎTES EN CARTON** (les éco-recharges, c'est du plastique) et supprimer l'adoucissant ! J'ai reculé devant les *DIY* à base de lierre (franchement, j'ai eu peur devant la mixture épaisse de ma belle-sœur, qu'elle tourne au bâton avant chaque lavage, et qui, malgré cela, s'empâte dans le compartiment à produits, jusqu'à tout faire déborder !).

LE DRESSING, LA PENDERIE

CHAPITRE 5

Une armoire sans plastique contient des cintres en bois portant des matières naturelles comme :

- **du coton**
- **du lin**
- **de la laine**
- **des fibres innovantes (bambou, chanvre, Tencel…)**

ÉVITER LES MATIÈRES ALLERGISANTES

Polyester, polyamide, Goretex, polaire, Velcro... Nos vêtements sont majoritairement constitués de fibres synthétiques fabriquées à partir de plastique.

CERTAINES MATIÈRES SYNTHÉTIQUES PEUVENT PROVOQUER DES ALLERGIES.

Une étude de l'Anses (l'Agence nationale de sécurité sanitaire) publiée en juillet 2018 a identifié des éléments responsables d'irritations ou d'allergies, parmi 20 substances chimiques pour les vêtements et 50 pour les chaussures (!). De fait, des résines synthétiques sont utilisées notamment en maroquinerie pour le collage des cuirs et caoutchoucs.

Dans leur livre *Plastic Planet*, Werner Boote et Gerhard Pretting citent également l'antimoine, un metalloïde toxique, dont des traces ont été trouvées dans des polaires obtenus à partir de plastique PET (♳ PET).

SOLUTIONS

➜ Avant de le porter, **JE LAVE TOUT NOUVEAU TEXTILE** contenant des fibres synthétiques.

➜ **J'ACHÈTE DES VÊTEMENTS EN FIBRES NATURELLES.**

75 MILLIONS
DE TONNES DE FIBRES TEXTILES
sont produites chaque année dans le monde.
LES 2/3
SONT SYNTHÉTIQUES.

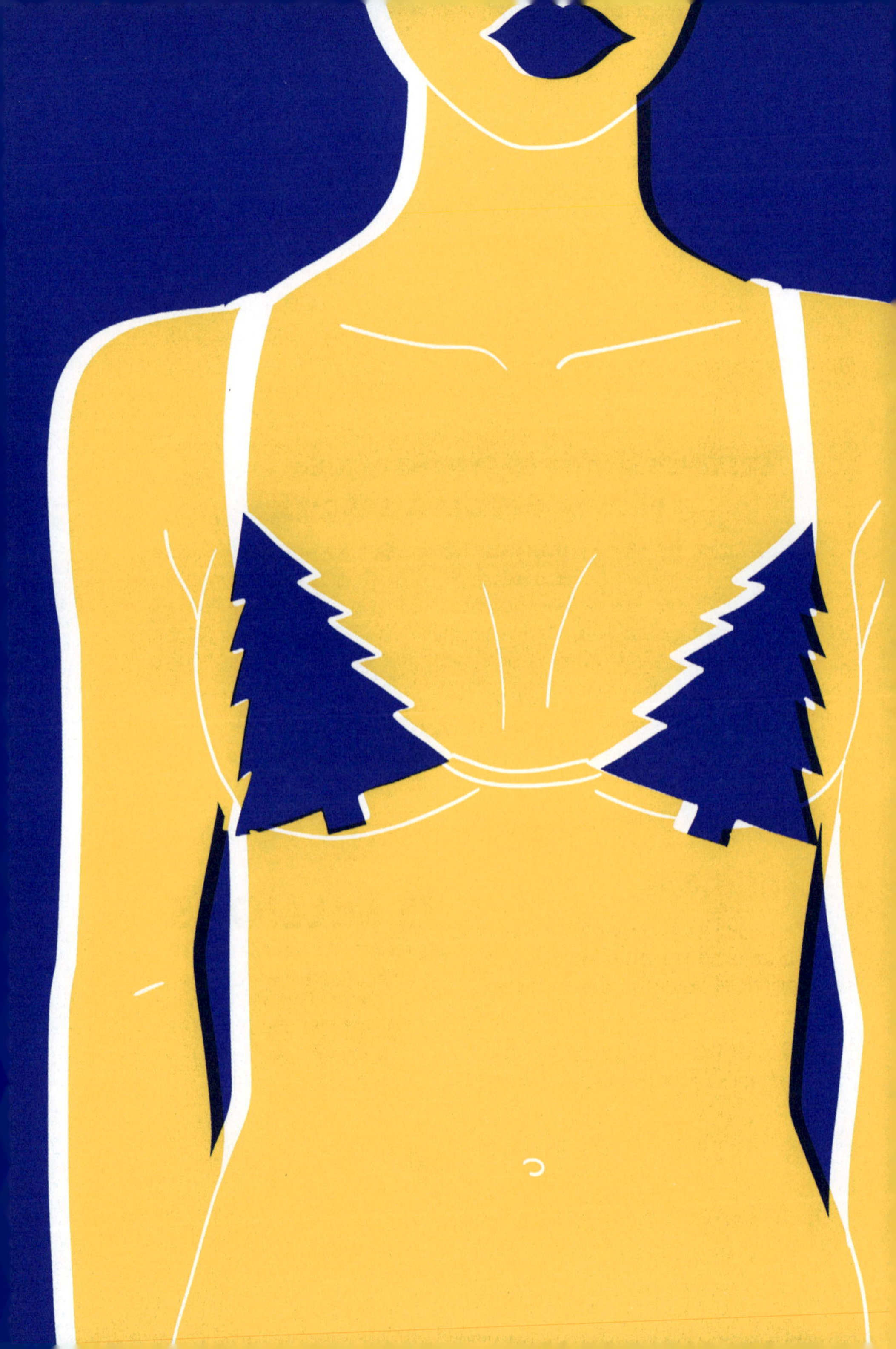

S'HABILLER NATUREL

L'INDUSTRIE DU TEXTILE FAIT LA PART BELLE AUX FIBRES SYNTHÉTIQUES.

Est-il possible de les éviter ? Quelles sont les matières naturelles à notre disposition ?

SOLUTIONS

➧ Il en existe de très faciles à trouver :

• **LE COTON, LE LIN, LA LAINE** (on se fait plaisir avec des angora, cachemire, alpaga ou mohair agréables à porter et qui durent longtemps !).

➧ Et j'en ai découvert de nouvelles :

• **LE CHANVRE OU LE BAMBOU** - qui n'est pas réservé à l'estomac des pandas ! - (sur le site daregreeen.fr, on trouve des tee-shirts ou des nuisettes en chanvre à 30 euros).

• **LE TENCEL** (ou Lyocell), une fibre tirée du bois (de grandes enseignes comme Etam vendent des pantalons en Tencel par exemple ; sur le site Do You Green, on trouve aussi de la lingerie en fibres de pin).

À SAVOIR

Des milliers de microfibres en plastique se détachent des vêtements synthétiques à chaque lavage en machine et se dispersent dans l'eau…

CHANGER SES HABITUDES

LES VÊTEMENTS EN MATIÈRES NATURELLES SONT SOUVENT PLUS CHERS.

Comment s'habiller sainement sans se ruiner ?

SOLUTIONS

➡ **JE FAIS UN TOUR DANS LES FRIPERIES ET VIDE-DRESSING.** (Bon, perso, j'ai du mal, mais c'est à essayer au moins une fois !)

➡ **JE ME METS AU TRICOT** (ou à la couture). J'ai essayé avec le tricot : franchement, on peut le faire assez facilement en se procurant un catalogue de modèles pour débutant et des aiguilles en bambou diamètre 7 ou 8 : ça avance super vite ! Je me suis fait une écharpe puis un pull sans manches en moins d'un mois. Avec de la grosse laine, belle et « écoresponsable », choisie par moi !

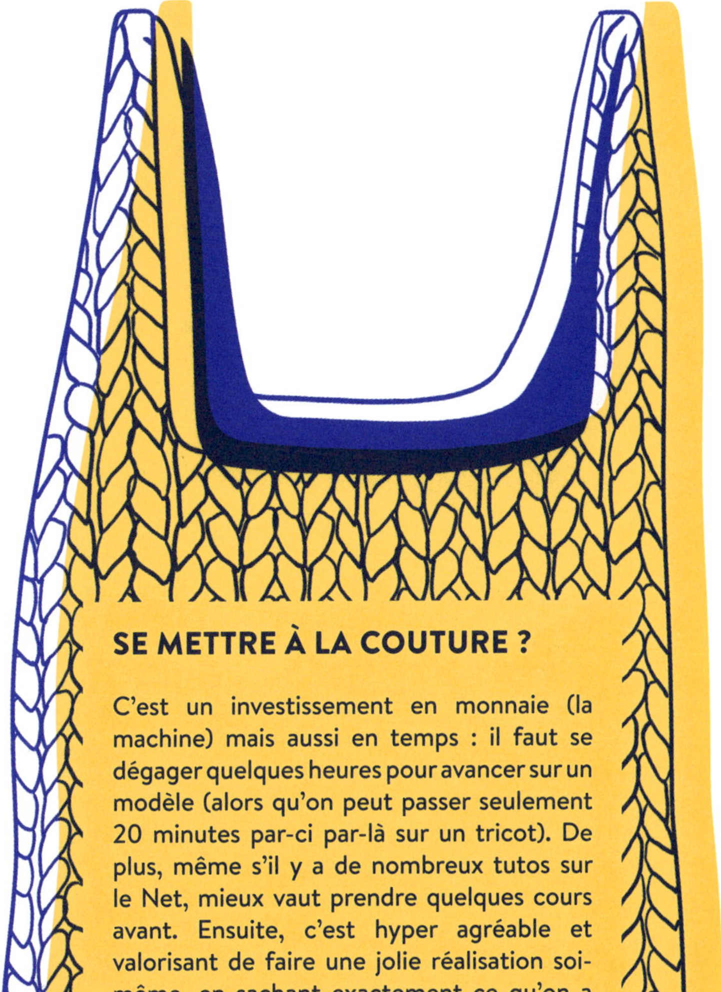

SE METTRE À LA COUTURE ?

C'est un investissement en monnaie (la machine) mais aussi en temps : il faut se dégager quelques heures pour avancer sur un modèle (alors qu'on peut passer seulement 20 minutes par-ci par-là sur un tricot). De plus, même s'il y a de nombreux tutos sur le Net, mieux vaut prendre quelques cours avant. Ensuite, c'est hyper agréable et valorisant de faire une jolie réalisation soi-même, en sachant exactement ce qu'on a mis dedans. Ne vous en faites pas, devant une bonne série, ça passe tout seul !

JE NE FAIS PAS CONFIANCE AUX MARQUES.

SOLUTION

➜ JE ME FIE AUX BONS LABELS.

- **Oeko-Tex** et **Naturtextil** garantissent un tissu sans substances toxiques
- **GOTS : Global Organic Textile Standard** = un minimum de 75 % de matière bio
- **Écocert :** au moins 70 % de matière naturelle, recyclée ou recyclable

Une adresse de créateurs sympa pour les vêtements d'enfants, en coton certifié Oeko-Tex : www.la-petite-fabric.fr

Un Français produit en moyenne

9 kilos

de déchets textile par an.

Un peu plus de

2 kilos

seulement sont recyclés.

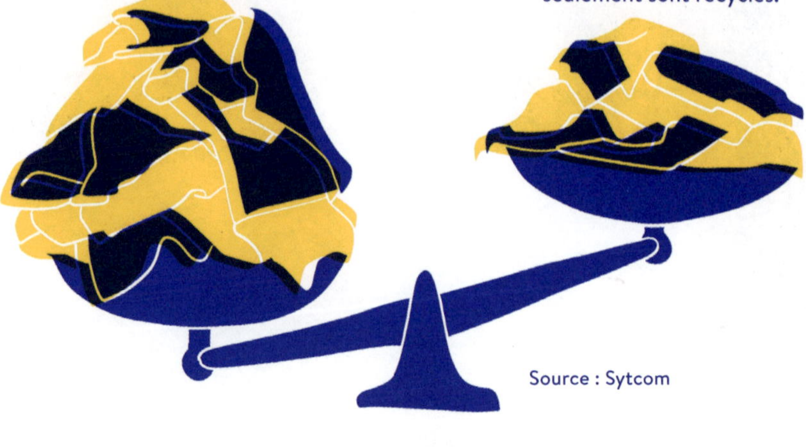

Source : Sytcom

« UPCYCLER », C'EST TENDANCE !

QUE FAIRE DE SES VIEUX VÊTEMENTS ?

Les jeter, c'est risquer de polluer l'environnement, surtout s'ils contiennent du plastique.

SOLUTIONS

➧ **JE LES METS AU RECYCLAGE**, en les déposant par exemple dans un conteneur du Relais (www.lerelais.org).

➧ **ENCORE MIEUX :** je fais le tour de ma penderie pour chercher des vêtements fatigués qui pourraient malgré tout encore donner quelque chose, et **JE DÉCOUVRE L'UPCYCLING**, le « surcyclage » !

L'UPCYCLING, C'EST QUOI ?

C'est le fait de donner une deuxième vie à ses habits en les transformant (un pantalon peut devenir une petit haut). Des couturières en ont fait leur spécialité, travaillant à partir de vos tissus ou de stocks d'invendus. À Cholet, par exemple, Awalpé, devenu Gabrièles (www.gabrieles.fr), crée des séries très limitées, ou des pièces uniques à la demande. Autre adresse : lesrecuperables.com (90 euros la petite jupe, ou 30 euros le petit top.)

AVEC LES ENFANTS

CHAPITRE 6

De la chambre au cartable, le bon équipement des petits passe par :

- des jouets en bois, en tissu ou en plastique hors PVC
- des fournitures scolaires réutilisables
- des tabliers en coton et des gourdes en Inox
- des sorties et fêtes avec les copains où l'on choisit de faire ensemble plutôt que d'acheter du « tout-jetable » !

LES JOUETS

ILS PEUVENT ÊTRE TOXIQUES.

Le PVC (♳ PET) est un plastique utilisé dans la production des jouets. Or, il contient des phtalates, dont certains des perturbateurs endocriniens. Certains ont été interdits, ceux qui sont encore utilisés n'ont pas tous fait l'objet d'études approfondies. Or, les petits mâchouillent. Ils peuvent également inhaler des phtalates libérés par exemple lorsqu'on déballe et gonfle certains jouets.

SOLUTIONS

➜ **BANNIR TOUT JEU EN PLASTIQUE QUI CHANGE DE COULEUR** ou s'amollit en contact avec la salive ou à la chaleur. Bannir également ceux qui « sentent » les produits chimiques.

➜ **ÉVITER LES JOUETS CONTENANT DU PVC.**

➜ **AÉRER LES JOUETS EN PLASTIQUE SOUPLE.**

➜ **CHOISIR DÈS QUE C'EST POSSIBLE DES ARTICLES EN TISSU OU EN BOIS.** En tissu, on trouve toutes sortes de doudous et peluches, mais aussi des livres. À choisir en fibres naturelles, bien sûr, pour éviter que le bambin n'avale des fibres synthétiques, dérivées du pétrole.

À SAVOIR

La règlementation concernant les objets à destination des enfants de moins de 3 ans est assez stricte – interdiction de nombreux allergènes, meilleur étiquetage… Elle l'est moins pour les jouets destinés aux enfants plus âgés.

JE NE SUIS PAS UN HÉROS MAIS PRESQUE

C'est difficile de priver les enfants des jouets à la mode, qui sont le plus souvent en plastique. Mais il est toujours possible de choisir le dernier super-héros dans une matière dont on connaît l'origine. Pour cela, projetnesting.fr est LE site à consulter. Il est édité par l'association Women engage for a common future (WECF), une ONG qui regroupe 150 associations féminines et environnementales. Dans le « Guide jouets », un tableau comparatif vous informe de toutes les substances dangereuses et vous conseille dans vos achats, matériau par matériau (bois, tissu, plastique...).

À SAVOIR

Les bons sites :
bebe-au-naturel.com
arche-de-neo.com
biolittle.com
jeujoueethique.com
chouduvolant.com
(spécialistes des jeux en bois)
lesjouetslibres.fr
laptitemanufacture.com

LES POUPÉES CUMULENT LES RISQUES.

En fibres synthétiques, parfumées ou agrémentées de composants électroniques, elles multiplient les produits nocifs, précise le guide de projet Nesting. Traces d'antimoine (un métalloïde toxique) dans les fibres textiles synthétiques, phtalates dans les parties en plastique souple et HAP (hydrocarbures aromatiques polycycliques) si la poupée est parfumée...

SOLUTIONS

➧ Mieux vaut se tourner vers des modèles **FABRIQUÉS ET HABILLÉS EN FIBRES NATURELLES.**

➧ De manière générale, **N'ACHETEZ PAS DE JOUET « QUI SENT BON »** (grâce aux HAP).

LE PLASTIQUE EST PLUS DANGEREUX POUR LES TOUT-PETITS

Les jeunes enfants sont particulièrement sensibles aux substances toxiques que le plastique peut véhiculer : leur système immunitaire est en formation, leurs poumons plus sensibles que ceux des adultes. C'est pourquoi il faut leur éviter de respirer, toucher ou mettre en bouche des jouets ou matériaux plastiques risquant de contenir tout un tas de substances nocives : des colorants aux solvants en passant par les métaux. En matière de toxicité liée aux perturbateurs endocriniens notamment, la dose est dangereuse, mais aussi l'âge. Ils sont bien plus néfastes pour un jeune enfant ou un bébé *in utero* que pour un adulte de 40 ans par exemple.

MENTIONS ET LOGOS À CHERCHER AVANT D'ACHETER DES JOUETS

Les mentions : « sans PVC » et « sans phtalates ». Les logos :

Label français exigeant par rapport à la qualité environnementale, y compris pour les emballages.

OEKO-TEX®

Certification mondiale qui concerne les textiles.

En 2017

30 JOUETS

SUR 66 TESTÉS

contenaient des substances telles des phtalates et des colorants possiblement cancérogènes (selon *60 Millions de consommateurs*).

À L'ÉCOLE

Sacs à dos synthétiques, cahiers à couverture renforcée en polypropylène, règles et équerres en plastoc... Les fournitures scolaires, c'est le pays du plastique...

PROTÈGE-CAHIER : 1, COUVERTURE EN POLYPROPYLÈNE : 0

Vous les connaissez, ces cahiers à la mode avec une couverture en plastique. Pratiques, car solides, certes. Sauf que le bon vieux protège-cahier, je peux l'enlever à la fin de l'année et le réutiliser. Alors que la couverture en PP risque bien de finir dans le bac de recyclage – bien qu'elle ne le soit pas partout, car la majorité des gens auront la flemme de la découper avant de jeter le reste du papier... Si vos enfants sont soigneux (il y en a), vous pouvez aussi tenter de vous passer complètement des protège-cahiers !

LES SACS RÉSISTANTS ET À LA MODE SONT EN FIBRES DÉRIVÉES DU PLASTIQUE.

SOLUTION

➧ **LES UTILISER JUSQU'À LA CORDE.**
Les récupérer, les donner, bref, les (ré)utiliser !

JE NE SUIS PAS UN HÉROS MAIS PRESQUE

On peut aussi acheter d'occasion, dans des vide-greniers, les sacs, cartables et trousses pour donner une seconde vie aux objets et éloigner le moment où ils deviendront des déchets. Mais comme ça n'emballe pas mes ados... personnellement, je passe un contrat avec eux : un sac et une trousse qui leur plaisent, mais utilisés jusqu'à l'usure maximale, donc choisis pour plusieurs années (idéalement TOUT le collège).

LES KITS PRATIQUES

Certains sites, comme toutallantvert.com, proposent des « kits » écolos (à partir de 16 euros) adaptés à l'école ou au collège. Assez pratiques pour cocher les cases qui nous tiennent à cœur : emballages recyclés ; pas de produits toxiques ; colle, surligneurs et stylos rechargeables.

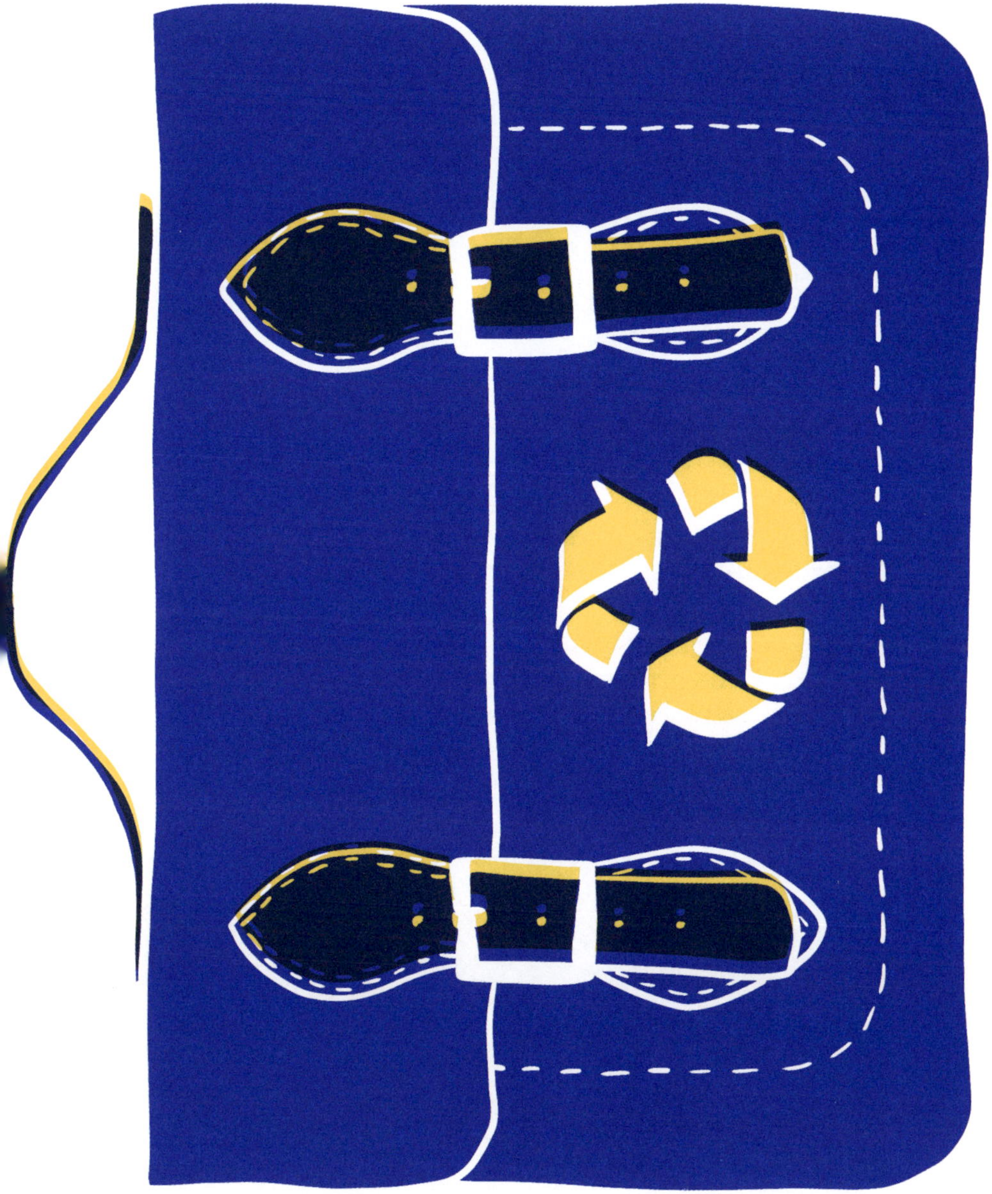

POUR LE PETIT MATÉRIEL, ON FAIT COMMENT ?

SOLUTIONS

➧ **ON CHOISIT DÈS QU'ON LE PEUT DES MATÉRIELS EN BOIS OU EN MÉTAL** (règles, équerre, rapporteur, taille-crayons, compas), qui ne se casseront pas au premier lancer de cartable.

➧ **J'AI ACHETÉ DES STYLOS À PLUME** avec les bonnes vieilles cartouches, mais mes enfants m'ont expliqué que personne n'écrivait avec ça au collège... Nous avons donc opté pour le **STYLO 4 COULEURS**, rechargeable. (Leur argument : ça fait moins de plastique que 4 stylos différents. Certes.)

➧ **JE CHOISIS DÈS QUE POSSIBLE DES ARTICLES RECHARGEABLES,** comme les correcteurs et leur ruban, mais aussi les surligneurs.

➧ En cherchant, on trouve des nouveautés, comme **LES SURLIGNEURS À SEC, EN BOIS** (de la marque Staedtler, par exemple) ou des stylos en carton ou en bois.

➧ Pour les feutres ou crayons de couleur et leur pochette, pour la gouache, la colle, difficile d'éviter le plastique. **J'ACHÈTE ALORS DU RECYCLÉ, DU RECYCLABLE** ou des produits fabriqués à partir de matières naturelles – UHU propose par exemple des tubes recyclables à base de canne à sucre. Et la marque OkoNorm des feutres compostables ou recyclables.

LES LOGOS À CHERCHER

le NF environnement
qui exclut pas mal de saletés

les 3 triangles qui indiquent
au centre le % de matière recyclée

LES GOMMES PEUVENT CONTENIR DES PHTALATES.

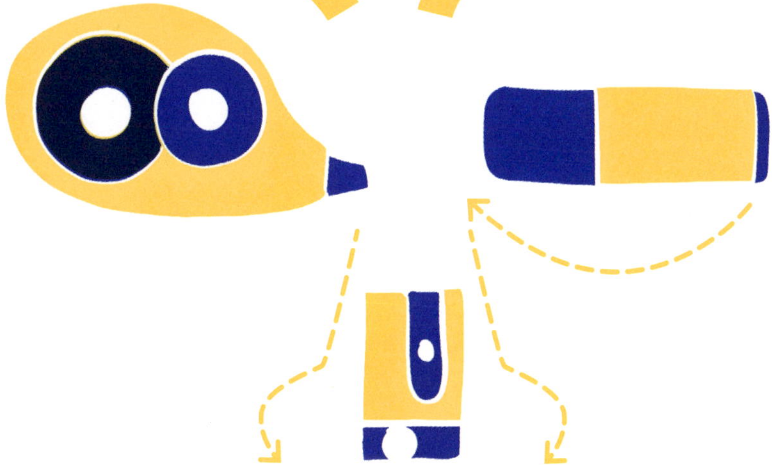

SOLUTIONS

➜ **CHOISIR CELLES QUI SONT ÉTIQUETÉES « SANS PVC »**.

➜ **MIEUX ENCORE, LES CHOISIR EN CAOUTCHOUC** (naturel ou synthétique).

LES POCHETTES PLASTIFIÉES, CETTE INVENTION HORRIBLE

Chaque été, les enfants et moi passons 1 heure devant le bac à recycler, à tirer une par une les feuilles de papier rangées dans ces fameuses pochettes dont, très souvent, ils auraient pu se passer. On jette les feuilles et on stocke les pochettes dans un classeur, en réserve pour l'année suivante. Un vrai bonheur...

EXISTE-T-IL DES FOURNITURES « VERTES » ?

Par exemple, peut-on encore trouver des classeurs et porte-vues dans une autre matière ?

SOLUTION

➧ **IL Y A ENCORE DES CLASSEURS, CHEMISES ET INTERCALAIRES EN CARTON. ON LES GARDE DONC, ET ON LES RÉUTILISE.** D'une année sur l'autre, mes deux collégiens gardent le plus de matériel possible… Nous vidons également les porte-vues qui peuvent faire les 4 ans du collège. On arrache même les premières feuilles des cahiers ayant très peu servi, et qui peuvent faire les brouillons de l'année suivante.

LA MAÎTRESSE DEMANDE UN TABLIER IMPERMÉABLE POUR LA PEINTURE.

J'en ai choisi un à l'effigie d'une voiture de course, avant de me rendre compte qu'il était 100 % polychlorure de vinyle – soit du PVC et son cocktail de phtalates volatils !

SOLUTION

➧ **MON PETIT SERA TRÈS FIER DE PORTER UNE VIEILLE CHEMISE DE SON PAPA**, et s'il la mouille, eh bien elle séchera entre deux moments de peinture ! J'ai du même coup mis en garde la maîtresse et les autres parents contre ce modèle vendu au supermarché du coin. À éviter absolument !

ACHETER À L'UNITÉ

C'est nécessaire pour éviter de se retrouver avec un gros tas de films plastiques – ceux qui entourent les cahiers vendus par 4 ou 5 en grande surface. Ils entourent aussi les stylos, colles, gommes, protège-cahiers... Donc : un petit tour par la papeterie du coin, c'est mieux. Avec mon bon vieux cabas, j'évite tous les emballages, j'achète pile la quantité de cahiers qu'il nous faut – et avec les couleurs choisies par les enfants. Pour parvenir à un prix aussi compétitif que ceux des hypermarchés, il existe une solution : l'achat groupé. C'est à organiser avec les associations de parents d'élèves. Cela permet de respecter les demandes des enseignants, tout en répondant aussi à celles des parents sur le plastique et autres matières toxiques. Le papetier prépare chaque commande dans un sac en carton, et vous fait une belle ristourne !

PIQUE-NIQUES, GOÛTERS ET SORTIES

LA PLUPART DES BOÎTES À GOÛTER SONT EN PLASTIQUE.

En plus, les enfants partent souvent à l'entraînement de foot ou d'athlétisme en attrapant une petite bouteille d'eau au passage.

SOLUTIONS

➧ **IL N'Y A PLUS DE BOUTEILLES CHEZ MOI**. Comme on l'a vu, les bouteilles réutilisées ou laissées à la chaleur, c'est un gros risque d'avaler des microparticules. J'ai donc choisi d'acheter des gourdes en Inox. Chacun la sienne.

➧ Pour les boîtes à pique-nique ou à goûter, **IL EXISTE AUSSI DES LUNCH BOXES EN ACIER INOXYDABLE.**

COMMENT ORGANISER UN ANNIVERSAIRE SANS PLASTIQUE ?

C'est une vraie question, car les goûters d'anniversaire sont toujours une occasion de concentrer un maximum de plastique en un minimum d'espace et de temps ! Souvenez-vous : les assiettes jetables aux motifs « dessins-animés », assorties aux inévitables gobelets, les pailles, les déguisements ou masques que les petits adorent enfiler, les jeux les plus populaires – comme la pêche aux canards – sans parler des cadeaux apportés par les copains...

SOLUTIONS

➧ **JE COMMENCE PAR DES CARTONS D'INVITATION « MAISON »,** dessinés par mon fils.

➧ Pour la déco, en s'y prenant quelques soirées ou un week-end en avance, on peut **FABRIQUER DES VASES AVEC DE PETITES BOUTEILLES OU DES PHOTOPHORES** avec des pots de yaourt en verre.

➧ Pour remplacer la pêche au canard, nous fabriquons **UN CHAMBOULE-TOUT** avec un gros carton décoré comme support, une balle en tissu et des boîtes de conserve plus ou moins remplies de sable. On peut y jouer dehors ou dedans (sur un tapis, pour préserver vos oreilles).

➧ **LA BONNE VIEILLE CHASSE AU TRÉSOR MARCHE TRÈS BIEN AUSSI :** les enfants jouent en équipe et peuvent, par exemple, rapporter les éléments du goûter (une boîte remplie de cookies, un bocal de bonbons, des cuillères-pailles – l'ustensile qui les étonne toujours) ! Autre idée : fabriquer un tipi éphémère, dans le jardin ou dans la chambre, avec seulement un drap, et y cacher des déguisements sans plastique.

➧ **POUR LE GOÛTER :** un gâteau réalisé ensemble la veille et servi sur des serviettes en papier, du jus de fruits dans des verres ordinaires ! Pas besoin de se compliquer la vie.

JE NE SUIS PAS UN HÉROS

On ne peut pas dicter aux parents ce qu'ils vont offrir, même leur suggérer d'éviter le plastique est délicat… sauf auprès de ceux qu'on connaît bien. Donc on lâche prise… tout en jetant un œil à la composition des cadeaux reçus (au cas où il faudrait les faire disparaître discrètement).

LA MAISON ET LE JARDIN

CHAPITRE 7

Faire les bons choix :

- des isolants sans hydrocarbure
- du carrelage, du parquet, des tommettes pour l'intérieur
- du bois pour l'extérieur

CONSTRUIRE, RÉNOVER : CHOISIR LES BONS MATÉRIAUX

COMMENT ISOLER SA MAISON SANS PLASTIQUE ?

Le formaldéhyde, un composé organique très volatil, est présent dans les mousses isolantes de polyuréthane (même si elles sont de moins en moins utilisées, j'en ai dans mes combles, juste au-dessus du lit de mon fils…). Quant au polystyrène, il peut émettre des gaz toxiques sous l'effet de la chaleur.

SOLUTION

➜ **CHOISIR DES MATÉRIAUX ISOLANTS NATURELS** (chanvre, laine…) en vous renseignant sur les additifs.

À SAVOIR

Le bon site : eco-logis.com propose un comparatif de matériaux naturels mais aussi des tutos rénovation.

COMMENT ÉVITER LES SOLS ET FENÊTRES EN PVC ?

Ce plastique est bon marché, mais contient des phtalates.

SOLUTIONS

➧ Choisir lorsque c'est possible **DES REVÊTEMENTS DE SOL EN PARQUET NATUREL OU EN CARRELAGE** (les moquettes peuvent elles aussi contenir des éléments dérivés du plastique).

➧ **CHOISIR DES ENCADREMENTS DE FENÊTRES EN ALUMINIUM OU EN BOIS.**

➧ **AÉRER CHAQUE JOUR SA MAISON**, et passer l'aspirateur régulièrement.

Le gros mot : « relargage ». On l'emploie pour désigner la dispersion dans l'atmosphère des composants volatils dans les semaines, les mois ou les années qui suivent la pose, de façon plus ou moins continue.

LES COV, C'EST QUOI ?

Les « composés organiques volatils » sont des molécules libérées dans l'atmosphère par certains matériaux d'aménagement, mais aussi des meubles, des éléments décoratifs, des parfums d'intérieur... Elles se mêlent à la poussière et nous les inhalons. Irritantes, elles peuvent aussi se révéler allergènes ou cancérogènes. En ce qui concerne les plastiques, on trouve des COV dans le PVC (polychlorure de vinyle). Ce sont les fameux phtalates, dont certains sont des perturbateurs endocriniens avérés. En dehors de fenêtres à double-vitrage, le PVC se retrouve également dans les câbles électriques des télés, PC ou consoles de jeux vidéo.

DÉCORER SANS S'INTOXIQUER

LA PLUPART DES PEINTURES COMPORTENT DES PLASTIFICATEURS.

Même celles à l'eau, réputées moins nocives et sans odeur, en contiennent.

SEMI-SOLUTIONS

➡ C'est compliqué, car s'il y a bien des labels (comme le NF Environnement), ils garantissent seulement moins de pétrochimie. **CERTAINES MARQUES PROPOSENT TOUTEFOIS UNE COMPOSITION SANS PLASTIFIANTS** (comme Ecosphere, de l'entreprise Graphenstone).

➡ **SEULES LES PEINTURES FABRIQUÉES AVEC DE L'EAU ET DES POUDRES NATURELLES (CRAIE, ARGILE, CHAUX…) SONT VRAIMENT SÛRES.** Elles ne contiennent ni plastifiants synthétiques, ni conservateurs dérivés du pétrole.

BIEN CHOISIR L'AMEUBLEMENT

LES TISSUS CONTIENNENT DES RETARDATEURS DE FLAMME.

Les canapés, moquettes, rideaux et textiles sont souvent traités pour résister au feu à l'aide de retardateurs de flamme. Les « bromés » sont classés POP (polluants organiques persistants), il vaudrait mieux les éviter, mais les étiquettes ne mentionnent pas, en général, les compositions. Comment sortir de cette impasse ?

SEMI-SOLUTIONS

➧ **J'AI OPTÉ POUR UN CANAPÉ EN CUIR** (sans certitude qu'il n'ait pas subi de traitement), on peut aussi choisir **LE ROTIN**. Mieux, j'ai retapé un vieux fauteuil-club de mon grand-père, garni de **PAILLE** et de **LAINE** !

➧ En ce qui concerne les rideaux et tapis, il est également difficile de savoir ce qu'on achète. **J'AI PRIVILÉGIÉ LES TEXTILES SOUPLES** (pas traités pour être « infroissables »), naturels et lavables.

LES COLLES DANS LES PANNEAUX D'AGGLOMÉRÉ PEUVENT ÊTRE NOCIVES.

Les étagères et meubles de rangement en contreplaqué sont fabriqués avec des colles dont certaines contiennent du formaldéhyde – un composé provoquant des irritations, voire des allergies.

SOLUTION

➔ Préférer les meubles en **BOIS BRUT,** ou en **MÉTAL**.

LA DÉCO PUR PLASTOC NE SE RECYCLE PAS.

De nombreux éléments décoratifs – pieds de lampe, cadres de photos, bibelots – sont en plastique.

S'ils ne « relarguent » pas tous des éléments toxiques, leur empreinte écologique est malgré tout négative : lorsqu'on se lasse d'eux ou qu'ils se cassent, ils vont grossir les rangs des décharges ou des incinérateurs, car ils ne sont pas recyclables.

SOLUTIONS

➧ **J'ESSAIE DE PRIVILÉGIER LA DÉCO MAISON :** les peintures des enfants, sous de grands cadres en verre, c'est joli et valorisant pour eux !

➧ **JE CHOISIS DES POTERIES, DESSOUS-DE-PLAT, LAMPES OU VASES EN ARDOISE, EN CÉRAMIQUE, EN VERRE OU EN TERRE CUITE.** Il est d'ailleurs étonnant de constater que ces matières biodégradables, végétales ou minérales, apportent plus de sérénité à un intérieur que les matières synthétiques.

➧ Les magazines de déco proposent régulièrement des créations faciles à faire soi-même pour **« UPCYCLER »**, autrement dit donner une deuxième vie à de vieux matériaux destinés à la déchèterie (des tuyaux de cuivre par exemple : deviendront-ils un porte-manteau ? un cadre à photos ?).

➧ **EN BROCANTE**, on trouve aussi de quoi décorer son intérieur avec des éléments qui ont un vécu, une histoire, et tellement plus de charme que le moderne fabriqué en série (ancien bureau d'écolier, lit de bébé en fer forgé...).

ÉCOLOS ET LOCAUX

Bois, cuivre, liège, bambou... De nombreux designers proposent des meubles fabriqués en France, originaux et en matières naturelles. L'atelier BUD, pour « Beau, Utile, Durable », est installé en Normandie et fabrique des luminaires, des tables, chaises ou rangements en bois brut, en recherchant sans cesse de nouveaux designs (240 euros la lampe en chêne, 600 euros la bibliothèque en chêne massif). Maison Wasabi vend également des meubles en bois brut (ou en bambou) d'inspiration scandinave et orientale. Citons aussi Ekobo, connu pour sa vaisselle et ses accessoires en bambou, et Stooly, pour son mobilier « éco-pratique », modulable, en carton pliable (370 euros le bac modulable pour 3 à 6 personnes).

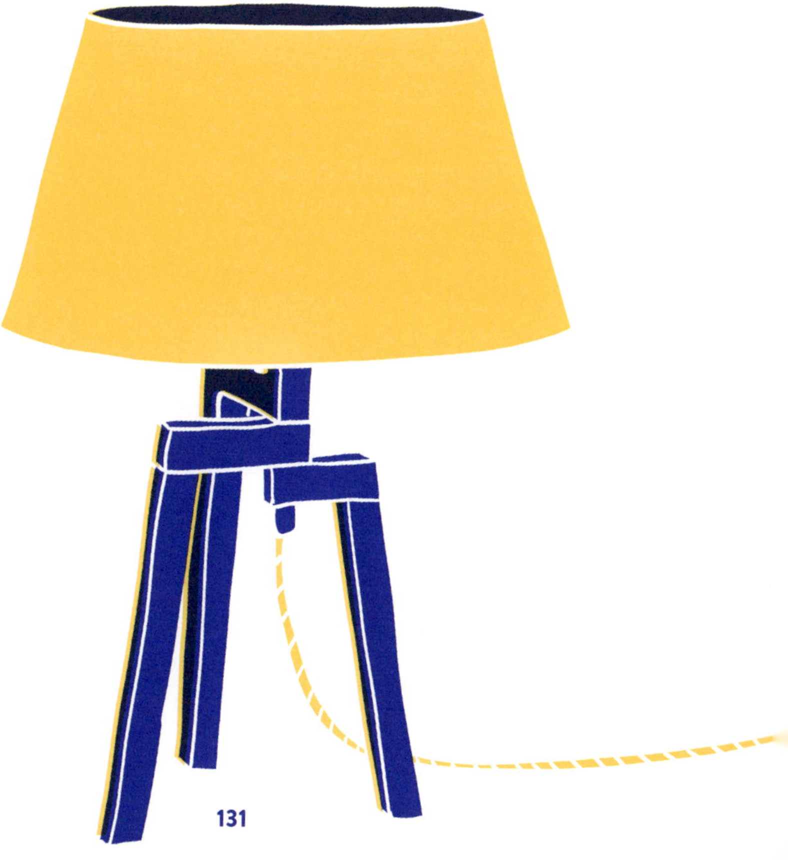

AU JARDIN

LES SALONS SONT SOUVENT EN PLASTIQUE, NOTAMMENT EN PVC.

Le matériau honni trône même au milieu de nos carrés de verdure...

SOLUTIONS

➧ Quand on n'est pas très branché brocante, le mobilier de jardin est une porte d'entrée idéale pour s'y mettre ! **UNE TABLE ET DES CHAISES EN FER FORGÉ**, c'est tout de même plus joli qu'un ensemble en plastique blanc ! Et un arrosoir en fer vieilli, bien plus charmant à côté d'un massif de fleurs que son homologue en plastoc verdâtre.

➧ **CERTAINES ENSEIGNES, COMME LEROY MERLIN, PROPOSENT DES COURS OU DES TUTOS** pour fabriquer son propre mobilier en cagettes. Franchement, quand c'est bien fait, c'est joli et original (coussins recommandés !).

➧ Pour les jeux d'enfants, tournez-vous vers **LES PORTIQUES EN BOIS** (si possible venant de France) et les maisonnettes en tissu (ou un vieux drap jeté sur 5 branches arrangées en tipi, les enfants exultent !).

COMMENT REMPLACER LES OUTILS DE JARDINAGE, ET LE TUYAU D'ARROSAGE ?

On peut échanger beaucoup d'outils en plastique contre les mêmes en acier, mais il en est qui sont bien difficiles à trouver sans hydrocarbures.

SOLUTIONS

➧ **LE FAMEUX TUYAU D'ARROSAGE SE DÉNICHE MALGRÉ TOUT EN PVC SANS PHTALATES** ni métaux lourds (la marque Gardena en commercialise, parmi d'autres).

➧ Pour les autres outils plastic-addict, tous ceux qui sont électriques, par exemple (tondeuse, taille-haie…), **LA MEILLEURE FAÇON DE RÉDUIRE LA CONSOMMATION DE PLASTIQUE EST D'ACHETER À PLUSIEURS**, ce qui est d'autant plus intelligent qu'on utilise certains de ces outils une seule fois par an ! Par exemple, le taille-haie que j'ai acheté avec mon voisin lui sert trois fois par an, et me sert une fois dans l'année.

CHAPITRE 8

AU BUREAU

Bonne nouvelle : le bureau cumule les mauvaises habitudes qui ont déjà été modifiées chez vous (dans la cuisine, le salon, pour les achats papeterie de la rentrée...) !

Les bons équipements :

- **la machine à café en acier**
- **la fontaine à eau sans bonbonne**
- **les mugs en remplacement des gobelets**
- **la papeterie recyclable**

MACHINES ET BONBONNES : ON ÉVITE !

Évidemment, au bureau, aucun salarié n'a la main sur l'organisation. Mais il est possible de faire bouger les lignes en s'adressant aux délégués du personnel, ou en commençant par changer soi-même : apporter sa tasse plutôt que de consommer chaque jour des gobelets, par exemple.

LES FONTAINES À EAU ET BONBONNES EN PLASTIQUE, C'EST BOF !

SOLUTION

➧ **PROPOSER UNE FONTAINE À EAU BRANCHÉE AU RÉSEAU**. Il en existe pour eau plate et gazeuse, version minibar ou sur socle, eau chaude ou froide (Waterlogic par exemple). Que demander de plus ?

LA DOC À DÉPOSER À L'ÉTAGE DE LA DIRECTION (OU À DONNER AUX DÉLÉGUÉS DU PERSONNEL)

L'association Zero Waste France a édité un petit guide intitulé *Zéro déchet au bureau*. Toutes les entreprises peuvent s'en inspirer. On y trouve plein de conseils pour impliquer la hiérarchie et l'ensemble du personnel, faire un état des lieux des (mauvaises) pratiques et imaginer les solutions. Par exemple, les cartouches d'imprimante peuvent être recyclées. Et des partenariats existent avec les fournisseurs pour les faire récupérer. Suffit de demander. Il est aussi assez facile d'investir dans un service de base (assiettes, couverts) qui évitera la vaisselle jetable.

LES MACHINES À CAFÉ SONT DES GOUFFRES À PLASTIQUE.

SOLUTIONS

➧ **IL EXISTE DES MACHINES À EXPRESSO EN ACIER ET ALUMINIUM,** qui fonctionnent comme des percolateurs manuels, sans capsule ni dosette (comme la Rok Espresso).

➧ Vous pouvez aussi vous tourner vers **LA CAFETIÈRE À PISTON** (Bodum) ou la cafetière italienne si vous avez des plaques chauffantes. Évidemment, vous ne ferez des cafés que pour quelques personnes.

➧ Pour les équipes de 50 personnes ou plus, **IL EXISTE DES MACHINES 100 % ACIER ET INOX** (chez GGMastro notamment).

1 SALARIÉ FRANÇAIS = 2 À 5 KILOS DE DÉCHETS

en gobelets par an.

À SAVOIR

La bonne option : certaines machines détectent les mugs et envoient le café sans le gobelet, mais avec une ristourne incitative !

4 MILLIARDS DE GOBELETS SONT UTILISÉS PUIS JETÉS

chaque année en France. Si vous êtes dans une entreprise rétive à tout changement, essayez de lui faire acheter un récupérateur de gobelets et bouteilles. La société Eco-Collectoor, par exemple, les installe et les collecte (gobelets PS et PP, bouteilles PET) avant de les transmettre à des filières de recyclage qui les réduiront en granulés réutilisables.

LES GOBELETS, ON DOIT S'EN PASSER

LES GOBELETS SONT UNE CATA ENVIRONNEMENTALE !

MOINS DE 2 % DES GOBELETS SONT RECYCLÉS EN FRANCE.

Pourtant, 96 % des salariés se disent prêts à changer les procédures pour améliorer le tri, mais seules 61 % des entreprises déclarent mettre en place un dispositif de tri des bouteilles, selon l'association Zero Waste France.

SOLUTIONS

➜ **ÉRADIQUEZ LES GOBELETS ÉTIQUETÉS « RECYCLABLES »** ou « réutilisables », car ils finiront un jour ou l'autre en déchet.

➜ **REVENEZ AUX VERRES ET AUX MUGS,** pourquoi pas fournis et personnalisés au nom de l'entreprise ?

L'ÉQUIPEMENT DES BUREAUX : MATÉRIAUX NOBLES ET MATÉRIELS RECHARGEABLES

SE MEUBLER EN PLASTIQUE, CE N'EST PLUS POSSIBLE !

SOLUTION

➜ **CHOISIR DU MOBILIER EN BOIS ET EN CARTON :** c'est design, propre et bon marché (le site unbureausurlaterre.com vend des rangements en carton à partir de 100 euros.)

JETER APRÈS USAGE, NON PLUS !

SOLUTION

➜ **PRÉFÉRER LES STYLOS, SURLIGNEURS ET MARQUEURS RECHARGEABLES,** c'est quand même assez simple (vous en trouverez sur le site lapetitepapeteriefrançaise.fr, avec en plus des mugs en porcelaine).

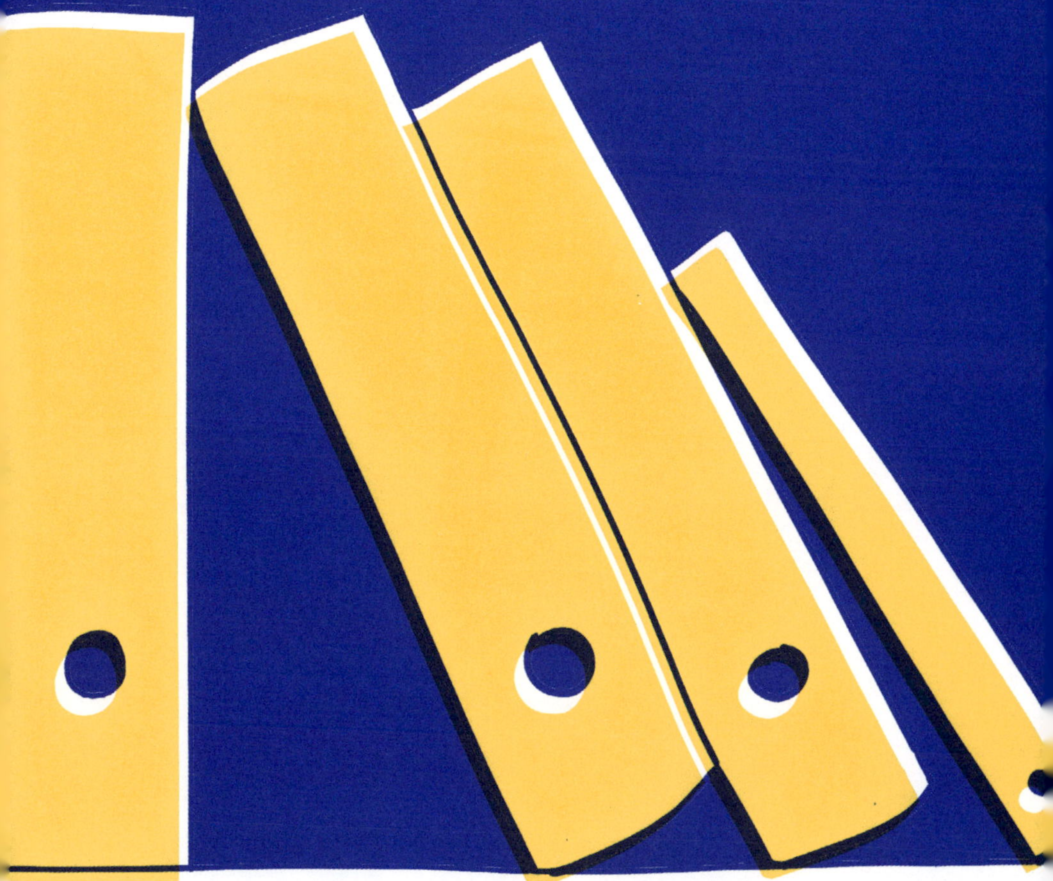

POUR ALLER PLUS LOIN...

PARTIE 3

DEUX MOIS PLUS TARD…

CHAPITRE 1

J'ouvre mes placards. La satisfaction de voir des bocaux et boîtes en fer ou en cartons remplis de produits bruts et sains (et seulement 1 ou 2 préparations industrielles) me galvanise.

BILAN APRÈS 8 SEMAINES DE PRISE EN MAIN

AVANT...

CHAQUE SEMAINE :
- 3 x 8 yaourts nature et aux fruits + des crèmes et petits-suisses variés
- 15 paquets de biscuits environ
- 5-6 sachets de brioches pour le petit-déjeuner et des céréales pendant les vacances
- 2-3 bouteilles de jus de fruits
- 2 packs de 6 bouteilles d'eau
- 2 rouleaux de pâte brisée + des lardons en barquette

...MAINTENANT

Pour 7 jours :

➜ **JE CUISINE 2 QUICHES OU PIZZAS** avec une pâte maison et des talons de jambon ou de la poitrine achetée chez le charcutier.
➜ **NOUS ACHETONS 7 YAOURTS NATURE ET AUX FRUITS**. Et j'en fabrique autant. Fini les crèmes.
➜ **NOUS FAISONS DE LA PÂTE À CRÊPES OU GAUFRES** et au moins 2 gâteaux. Achat de 3-4 paquets max.
➜ **NOUS PRÉFÉRONS LE PAIN DE MIE, LES BISCOTTES OU LE PAIN FRAIS** au petit-déjeuner.
➜ **JE PRIVILÉGIE LES JUS FRAIS**, pressés.
➜ **NOUS BUVONS L'EAU DU ROBINET**.

Ces petites victoires sont cependant accompagnées de périodes moins rigolotes pendant lesquelles j'ai relâché ma discipline...

LES MOMENTS DE DOUTE

C'est difficile de faire attention, chaque jour, de ne pas se faire déborder par le plastique. Vouloir s'en débarrasser demande une attention constante. Un peu comme pour empêcher le petit de mettre n'importe quoi dans sa bouche…

➧ **IL Y A LES FOIS OÙ J'OUBLIE MES SACHETS EN PAPIER AVANT D'ENTRER AU SUPERMARCHÉ.** Et celles où je fais exprès d'oublier les tup-tup parce que, la semaine dernière, le nouveau boucher m'a regardée d'un drôle d'air… On n'a pas toujours envie d'argumenter…

➧ Il faut toujours être sur le qui-vive : **LES ACHATS SONT SYSTÉMATIQUEMENT FOURRÉS DANS DES SACS.** Il faut toujours être prêt à dire « non merci ! » juste au bon moment.

➧ Et puis **IL Y A MON FILS AÎNÉ QUI A RACHETÉ DU DENTIFRICE ORDINAIRE EN DOUCE**, alors que je croyais avoir conquis toute la famille avec ma poudre au bicarbonate…

CEUX DONT ON SE SOUVIENT EN SOURIANT…

Bon, il y a aussi les bons moments : quand ce sont les enfants qui accourent avec les tup-tup ou les sacs papier oubliés dans la cuisine.

Ou la première virée dans le magasin de vrac avec mon grand ado et mon petit dernier. Celui-ci a voulu remplir le bocal de raisins secs (et, bien sûr, en a mis partout), tandis que j'essayais de verser du vinaigre blanc dans un bidon de 5 litres tenu à bout de bras en hauteur… Bien sûr, j'ai flanché et le grand a eu les cheveux aspergés. Ensuite, on a changé de magasin de vrac. De toute façon, il était loin de tout stationnement, les bocaux et les bidons étaient trop lourds à porter jusqu'à la voiture.

… ET CEUX QUI DONNENT ENVIE D'ALLER PLUS LOIN

Et, un jour, je lis un article sur les « Plastic Attack », qui n'ont d'agressif que le nom. C'est un mouvement qui consiste à désemballer ses courses au supermarché, pour sensibiliser distributeurs et industriels et les amener à prendre la responsabilité de leurs emballages – qu'on laisse sur place à la fin de l'« attack ».

J'ai eu très envie de tester…

J'ORGANISE UNE PLASTIC ATTACK !

CHAPITRE 2

J'ai discuté de l'idée de monter une Plastic Attack avec mes deux amies Anne-Laure et Isabelle qui ont tout de suite adhéré. Allez, hop ! Agendas, pancartes et marqueurs rechargeables, on s'y colle ! Franchement, c'est facile.

MODE D'EMPLOI

➜ **1/ CONTACTER LA DIRECTION DU SUPERMARCHÉ** (c'est mieux) et lui expliquer qu'on souhaite mener une animation de sensibilisation aux méfaits des suremballages. Elle n'a rien à faire : on vient avec 2 panneaux d'informations (des photos, des chiffres qui pètent, des slogans marrants : « Le vrac, ça m'emballe ! »). On emprunte 2 chariots pour récolter les emballages inutiles, et on se poste à la sortie. Perso, le directeur de l'Intermarché que j'ai contacté m'a dit oui tout de suite en me précisant que l'enseigne était « sensible » à ce problème. Et l'association Plastic Attack France, contactée via Facebook, était ravie d'ajouter à la liste de ses actions une commune, rurale qui plus est, et une enseigne où aucun événement n'avait encore été organisé.

➜ **2/ CHOISIR UN MOMENT DE FORTE AFFLUENCE.**

➜ **3/ QUELQUES JOURS AVANT, ON « CRÉE UN ÉVÉNEMENT » SUR LA PAGE FACEBOOK DE L'ASSOCIATION**, en indiquant lieu et date. Ainsi, toutes les personnes des alentours sensibles au problème viendront faire leurs courses et rempliront vos 2 chariots. Chez moi, peu de personnes ont réagi – j'habite une petite commune de moins de 5 000 habitants, 3 ou 4 connaissances seulement sont venues exprès.

LE JOUR J

Nous avons donc plutôt fait de la sensibilisation, avec mes deux copines. On arrêtait les gens entre la caisse et la sortie et on leur demandait de désemballer avec nous. **Et c'est assez incroyable de voir tout le panel de réactions qu'on a reçues !**

LES DÉSORGANISÉS

Ce sont les esclaves des emballages. S'il n'y a pas eu de personnes hostiles à la démarche, ce qui a été hallucinant, c'est de voir le nombre de clients qui viennent faire leurs courses sans mettre de sac, de carton ou de cabas dans leur chariot ! Ils sortent tous les articles avant le passage en caisse, remettent tout dedans au moment de payer, et recommencent à tout sortir une fois devant leur coffre de voiture. Évidemment, pour eux, les suremballages (comme 3 paquets de coton regroupés sous un blister), ça aide. « C'est pratique », a-t-on entendu. Avant de leur suggérer une autre organisation, toute simple, avec des sacs à eux.

LES INDIFFÉRENTS

Ceux qui « n'ont pas le temps ». Pour aucune cause, aucun combat... Ils ne sont jamais disponibles ceux-là... Ils ne veulent même pas écouter le début d'un argument, ça ne « les intéresse pas ».

LES GENTILS

Ceux qui sont à côté de la plaque, mais sympas. Ce monsieur charmant qui nous a tendu 2 boîtes de couscous. Euh... merci, mais on n'est pas la banque alimentaire ! Et puis le directeur du supermarché, qui avait dit être sensible au problème, nous a tenu un discours plutôt étrange. Selon lui, les emballages sont inévitables (« sinon on casse les yaourts »). Ben oui, on n'a pas dit qu'il fallait TOUT enlever, d'autant qu'autour des yaourts, c'est souvent du carton.

LES DÉJÀ CONVAINCUS

Comme cette vieille dame, qui m'a murmuré : « Moi, quand je suis en vacances, leurs emballages, je les remets dans leurs poubelles ! » D'autres personnes, toutes assez âgées, ont dit leur agacement d'être montrées du doigt. « Il faudrait tout de même arrêter de dire que c'est la faute du consommateur s'il y a trop de plastiques. » On est bien d'accord. Les « déjà convaincus » n'oublient jamais leurs sacs, qui sont souvent en papier ou en tissu. Ils consomment souvent en mode alternatif (Amap, vente directe) et connaissent des adresses de vrac... Ils ont fait le tour de leur territoire et trouvé des solutions. C'est rafraîchissant.

LES BONS ÉLÈVES

Ceux-là, on les a secoués un peu. Les « y a pas d'problème, je trie tout bien chez moi, jamais une bouteille qui dépasse ! » Ah oui, et vous savez que le recyclage, ce n'est pas la panacée ? C'est même assez limité comme solution ? Donc, non, tout ne va pas bien !

LES COMPLOTISTES

Bon, on en a eu un seul. Qui nous a dit travailler dans la plasturgie : « Les industriels nous mentent », a-t-il murmuré. Vraiment ?

SENSIBILISER « SURTOUT LES ENFANTS »...

Ce sont les mots prononcés le directeur du supermarché. Un encadré s'impose parce qu'entendre un truc aussi débile, ça fait réagir ! Rachel, 10 ans, la fille de ma copine Isabelle, a tenu à venir co-organiser avec nous. Elle a pour l'occasion réalisé une super peinture « Plastic Attack ». Rachel est très jeune mais elle a tout compris. Comme mon fils Arthur, qui a 11 ans. Les enfants n'ont pas besoin qu'on leur explique 10 fois des choses assez simples qui relèvent du bon sens. Vous leur donnez 3 chiffres sur le plastique, la planète et la santé, et ils vont vous choisir leur limonade en bouteille de verre en vous disant qu'il faut militer pour le retour de la consigne. Ce sont les industriels et les distributeurs qu'il faut responsabiliser. Et les lobbies qu'il faut remettre à leur place.

En bref, nos 2 heures de Plastic Attack nous ont permis de prendre la température de nos contemporains, de voir les différents niveaux de prises de conscience entre les citoyens bien informés, ceux qui se laissent balader et ceux qui n'ont encore rien perçu de l'étendue du problème.

LES MOTS DE LA FIN

ISABELLE

« Je suis heureuse d'y avoir pris part parce que je pense que nous avons véritablement commencé à éveiller quelques consciences en dénonçant le suremballage, en proposant de nouvelles façons de faire… Ce type d'action interpelle, que l'on soit pour ou contre, cela nous a permis de semer quelques graines ! »

ANNE-LAURE

« Participer à l'organisation d'une Plastic Attack*, c'est aussi se confronter à la diversité des prises (ou absences) de conscience. Ce qui m'a le plus frappée, c'est que la plupart des personnes que nous avons rencontrées nous ont parlé du tri des déchets et se sont voulues rassurantes en nous expliquant combien elles étaient exemplaires en la matière.*

C'est révoltant de voir combien les lobbies industriels ont bien travaillé pour déplacer le problème de leur utilisation massive du plastique vers la responsabilité individuelle du consommateur. Alors il faut continuer à se montrer, sensibiliser, fréquenter des lieux de consommation alternatifs (Amap, vrac, petits commerçants, direct producteur…) parce que si nous sommes de vrais consommateurs responsables, nos gestes pour l'environnement ne peuvent pas s'arrêter à la lisière du tri sélectif ! »

QUELQUES IDÉES POUR CONTINUER

CHAPITRE 3

La plupart des actions pour consommer moins de plastique sont individuelles. Mais, heureusement, certaines démarches peuvent être entreprises à plusieurs.

MUTUALISER

Dans ma rue, il doit y avoir 6 ou 7 taille-haies rangés dans les garages, pour une quinzaine de maisons. Chaque propriétaire a dépensé une petite centaine d'euros pour sortir ce bel outil tout au plus 1 ou 2 fois par an. Franchement, c'est futé ?

Avec des voisins sympas, **on a décidé de faire des achats groupés,** pour limiter les kilos de plastique qui entourent les moteurs dans nos garages (taille-bordure, tondeuse...). Coût et consommation d'objet divisés par deux. Mais on aurait pu le faire à trois ou quatre, ç'aurait été encore mieux.

PRÊTER

Pour éviter d'acheter tout court, on peut aussi recourir aux systèmes d'échange locaux, les SEL. Ce sont des associations où chacun propose aux autres ce qu'il sait faire, ou ce dont il dispose. En général, vous partez avec un capital de 100 grains de sel - imaginaires, bien sûr. Quand vous demandez un outil ou un service (pour débroussailler votre jardin, pour réparer votre télé, pour vous faire prêter un objet pour peu de temps), vous perdez 10, 20 ou 30 grains de sel selon le service. Grains que vous gagnerez en offrant à votre tour, mais pas forcément à celui ou celle qui vous aura rendu service. Vous pourrez, selon les circonstances, aider quelqu'un à remplir un dossier administratif, l'emmener faire des courses ou même lui proposer des prunes de votre jardin.

RÉPARER

Changer notre façon de penser, **c'est arrêter de jeter ce qui ne fonctionne plus.** Et tenter de réparer ou de transformer les objets usés ou cassés. Des « Repair cafés » ont ouvert dans de nombreuses villes. Électroménager, informatique, vêtements… Ces cafés rassemblent en général du matériel et des personnes aux talents variés : couturiers, électriciens, réparateurs de vélos et bidouilleurs habiles.

MILITER

Il y a des tas d'associations à rejoindre pour trouver des gens sur la même longueur d'ondes, qui seront source de motivation et d'idées nouvelles. Je n'en citerai que trois :

➔ **ZERO WASTE FRANCE,** bien sûr, pour son action globale contre le trop de déchets.

➔ **CANTINE SANS PLASTIQUE**, qui s'est battue plusieurs mois et a obtenu l'interdiction des plastiques dans les restaurants scolaires, interdiction votée par l'Assemblée nationale le 14 septembre 2018. Grâce à leur combat, au plus tard en 2025, il sera mis fin à « l'utilisation de contenants de cuisson ou de réchauffe en matière plastique ». **Le site :** https://www.helloasso.com/associations/cantine-sans-plastique-france/

➔ **RESEAUCONSIGNE.COM.** Née en 2012, peu connue, elle se bat pour le retour de la consigne sur les bouteilles de verre et lance un appel aux entreprises mais aussi aux particuliers qui pourraient agir ou diffuser son message.

GÉRER ENSEMBLE UN SUPERMARCHÉ PARTICIPATIF ET COOPÉRATIF

Il en existe dans quelques grandes villes. Leur objectif premier est en général d'acheter bio et local en s'affranchissant des circuits ordinaires. Mais lorsqu'on devient adhérent, on peut impulser les changements que l'on souhaite, comme la réduction des emballages en plastique.

Ma belle-sœur Marie fait partie de celui de Bordeaux, Supercoop. Il existe depuis 3 ans et compte aujourd'hui 600 adhérents. Chacun paye 110 euros par an. Il peut ensuite y faire ses courses et doit donner 3 heures par mois pour s'occuper de l'accueil, de la caisse, mettre en rayons, balayer, vérifier les livraisons, faire la découpe et la mise sous vide des fromages, étiqueter ou gérer les stocks. Il y a beaucoup de vrac, des cosmétiques solides sans emballage plastique (shampoings et dentifrices) et les bouteilles de la bière locale retournent au producteur. C'est un fonctionnement qui tend vers le « moins de déchets » sans être formalisé, sans être un objectif affiché de Supercoop. Mais qui vient comme une suite logique à l'achat bio et local.

CONCLU-SION

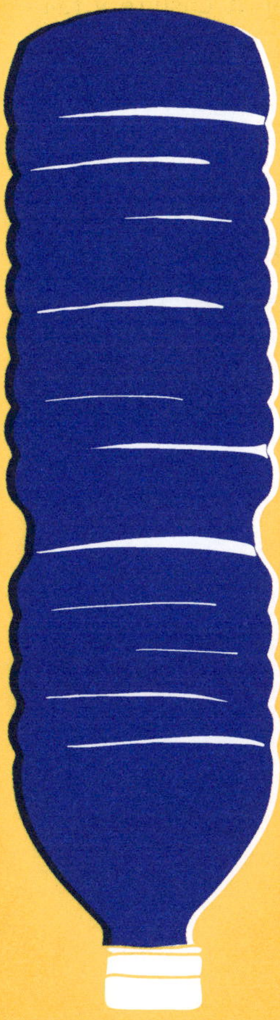

« Nos systèmes de fabrication, de distribution, de consommation et de commerce du plastique – c'est-à-dire notre économie mondiale – doivent changer. […] Le modèle linéaire de l'obsolescence planifiée, selon lequel les objets sont conçus pour être jetés immédiatement après usage, parfois après quelques secondes seulement, doit prendre fin. […] Les gouvernements doivent être à la pointe de ce changement, obligeant les fabricants à se montrer responsables du cycle de vie de leurs produits. »

Ce n'est pas un député écolo qui parle, ni un militant de l'association Zero Waste France. Ces lignes sont tirées du rapport de l'ONU de juin 2018 (de la page 9 exactement). Et cela fait du bien de lire cela de la part d'une organisation mondiale connue pour ses positions mesurées.

INVERSER LA COURBE DE PRODUCTION MONDIALE

C'est donc être tout à fait normal, sain d'esprit et plein de bon sens que d'affirmer que la première nécessité et la plus urgente, c'est de **produire moins de plastique.**

Si la croissance de la production de plastique se poursuit au rythme actuel, **l'industrie des plastiques pourrait représenter 20 % de la consommation mondiale de pétrole en 2050.**

La culpabilisation du consommateur doit cesser, la course au recyclage ne doit pas être présentée par les gouvernements comme l'unique solution. Il y en a d'autres, dont nous ne pourrons faire l'économie.

C'est l'ONU qui le dit : 619 MILLIONS de tonnes pourraient être produites chaque année à l'horizon 2030.

REVENIR À LA CONSIGNE

Du bon sens. On arrête de casser du verre pour refaire du verre. On réutilise.

METTRE LES INDUSTRIELS FACE À LEURS RESPONSABILITÉS

L'Allemagne, le Japon et l'Afrique du Sud notamment ont instauré un système de recyclage des bouteilles PET usagées par les fabricants. Ceux-ci en sont responsables.

CONVAINCRE OU CONTRAINDRE L'INDUSTRIE DE CHANGER DE MODÈLE...

Le rapport de l'ONU, qui préconise surtout la fin des plastiques à usage unique, concède qu'il est difficile de faire bouger l'industrie : « Des études reposant sur des preuves scientifiques sont également nécessaires pour surpasser l'opposition de l'industrie des plastiques. » Ces études existent, leurs résultats sont connus mais ne changeront rien aux pratiques de ceux qui ne regardent que les chiffres et les indices boursiers, à court terme.

L'ONU préconise donc de « fournir des incitations financières aux industries » et prévient : « Les gouvernements seront confrontés à la résistance de l'industrie des plastiques, y compris les importateurs et les distributeurs d'emballages en plastique. »

… EN RÉVEILLANT LES POUVOIRS POLITIQUES

Ceux qui sont en marche, mais vont trop lentement, et pas toujours dans la bonne direction.

UTILISER NOTRE POUVOIR DE CONSOMMATEUR

➧ **En consommant autrement.**

➧ **En boycottant certaines marques** qui ne jouent pas le jeu, depuis des décennies (voir partie 1).

➧ **En faisant pression sur les distributeurs**, par des Plastic Attack régulières par exemple (voir partie 3).

➧ En réfléchissant aux solutions alternatives et **en veillant à ce qu'elles ne provoquent pas de problème dans d'autres domaines :** ressources en eau, ressources fossiles, production de CO_2, réchauffement climatique… Exemple : l'abandon des sacs en plastique aux États-Unis a entraîné la multiplication par 4 des sacs en papier, écrit Susan Freinkel dans *Plastic, a toxic love story*. Or, le papier est plus énergivore et demande beaucoup d'eau pour être produit. Enfin, pour soi-même, il s'agit de retrouver une certaine frugalité. Et, par là même, face aux marques et aux pubs, son libre arbitre.

En changeant ses habitudes, on peut économiser jusqu'à 500 EUROS, PAR PERSONNE ET PAR AN, selon l'Ademe.

SOURCES ET BIBLIOGRAPHIE

PARTIE 1

LUS :

➧ *Plastic, a toxic love story* (non traduit), Susan Freinkel, Houghton Mifflin Harcourt, 2011

➧ *Plastic-itis, how plastic is affecting the health of our planet and your body*, Dr Jose Barreto, Kindle édition, 2015

➧ *Plastic Planet*, Werner Boote, Gerhard Pretting, Actes Sud, 2010

➧ *Production, use and fate of all plastics ever made*, R. Geyer, J. R. Jambeck, K. L. Law, article publié dans *Science advances*, 19/07/2017

➧ *Imprégnation des femmes enceintes par les polluants de l'environnement en France en 2011*, Santé publique France, 2016

➧ *L'État des plastiques, Journées mondiales de l'environnement, Perspectives 2018*, ONU Environnement

➧ *Operation Clear Sweep*, Plastics Europe, report 2017

➧ *Sabotage hormonal*, publication du Réseau des femmes en environnement (RQFE), en collaboration avec le ministère de l'Éducation, des Loisirs et du Sport, et la Télé-université de l'université du Québec à Montréal, 2009

CONSULTÉS :

➧ www.zerowastefrance.org

➧ www.plasticseurope.org/fr

➧ www.elipso.org

➧ www.novethic.fr (plus spécialement : https://www.novethic.fr/actualite/infographies/isr-rse/infographie-tout-tout-tout-vous-saurez-tout-sur-le-plastique-146089.html)

➧ www.asef-asso.fr

➧ www.ssents.uvsq.fr/IMG/pdf/Ecotox_Aquat.pdf (document de l'université Versailles St-Quentin sur l'accumulation de polluants dans les chaînes alimentaires)

➧ https://orbmedia.org/blog/water-tap-bottled-microplastics

➡ www.ecologique-solidaire.gouv.fr
➡ www.anses.fr (Agence nationale de sécurité sanitaire de l'alimentation, de l'environnement et du travail)
➡ www.ademe.fr (Agence de l'environnement et de la maîtrise de l'énergie)
➡ www.citeo.com (ex Éco-emballages et Ecofolio, société créée par des entreprises pour proposer des solutions de tri et de recyclage)
➡ www.bioplastique.org

VUS :

➡ *Cash Investigation : Plastique, la grande intox*, Sandrine Rigaud, France 2, septembre 2018
➡ *Demain*, Cyril Dion et Mélanie Laurent, 2016

PARTIE 2

LUS :

➡ *Écolo book, comment devenir écolo sans devenir chiant*, professeur Feuillage, First éditions, 2017
➡ *Famille Zéro déchet*, Jérémie Pichon et Bénédicte Moret, Thierry Souccar, 2016
➡ *Le Zéro déchet*, Camille Ratia, Rustica, 2018
➡ *Zéro déchet*, Béa Johnson, J'ai lu, 2013
➡ *Zéro plastique, zéro toxique*, Aline Gubri,Thierry Souccar, 2017

POUR ALLER PLUS LOIN

À LIRE :

➡ *Plastic Ocean*, Charles Moore, (non traduit) éditions Penguin Random House, 2011

À VOIR :

➡ *Plastic China*, Jiu-Lian Wang, 2016

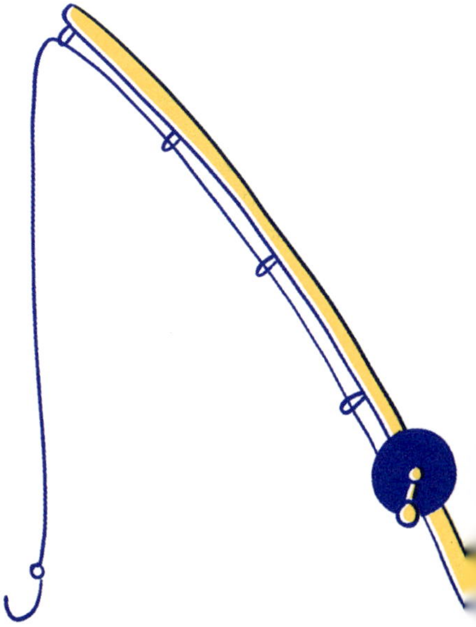

TOUS MES REMERCIEMENTS à mes amis Isabelle, Anne-Laure, Philippe et Loïc, pour leur écoute, leur soutien et leur implication dans la Plastic Attack (mention spéciale pour Rachel).

À Arnaud pour ses impulsions et nos discussions.

À Matthieu et Marie pour les tests qu'ils ont faits à ma place !

À mes enfants, enfin, qui posent toujours les bonnes questions et ont accepté sans trop râler de se passer de tous un tas de produits nuls (et pourtant si séduisants).

UNE REMARQUE ? UNE IDÉE ?
Écrivez-moi ! sophienoucher@gmail.com

Impression & brochage SEPEC - France
Numéro d'impression : 07781181109 - Dépôt légal : décembre 2018